Angaangaq
—
der Schamane aus Grönland

Schmelzt das Eis in euren Herzen!

Aufruf zu einem geistigen Klimawandel

Herausgegeben von Christoph Quarch

Kösel

FSC
Mix
Produktgruppe aus vorbildlich
bewirtschafteten Wäldern und
anderen kontrollierten Herkünften
Zert -Nr SGS-COC-001940
www.fsc.org
© 1996 Forest Stewardship Council

Verlagsgruppe Random House FSC-DEU-0100
Das FSC-zertifizierte Papier *Munken Premium* für dieses Buch
liefert Arctic Paper Munkedals AB, Schweden.

Copyright © 2010 Kösel-Verlag, München,
in der Verlagsgruppe Random House GmbH
Umschlagfotos und Fotos im Innenteil: Sven Nieder, *www.sven-nieder.de*;
S. 26, 42, 91, 113, 149, 199 + Farbteil I, S. 6/7:
Christoph Quarch, *www.lumen-naturale.de*
Umschlag: Kaselow-Design, München
Druck und Bindung: GGP Media GmbH, Pößneck
Printed in Germany
ISBN: 978-3-466-34547-2

www.koesel.de

Mein Bruder Angaju sagte zu mir: »Wenn du dieses Buch schreibst, dann muss es der Lehren würdig sein. Du musst es so schreiben, dass die Lehren in jeder Leserin und in jedem Leser lebendig sein werden.« Er hat mir auch einen Brief geschrieben, den ich diesem Buch voranstellen möchte (siehe nächste Seite). Ich bin mir der großen Verantwortung bewusst. Es hat lange gedauert, bis ich mich reif genug fühlte, dieses Buch zu schreiben. Denn ich hatte die große Sorge, meine Sprachkraft würde nicht ausreichen, um den Lehren und Zeremonien meines Volkes gerecht zu werden.

Nun habe ich dieses Buch geschrieben.

Möge es deinen Geist erheben!
Möge es deinen Geist erheben, so wie es die Lehren der Alten taten,
   die mein Volk über Jahrtausende beseelt haben!
Möge es deinen Geist erheben, damit du verstehen lernst, wer du bist!
   Und wer du sein sollst! Und wie du zur Blüte deines Lebens findest!
Möge es dir den Weg nach Hause weisen, damit du lernst,
   dich zu lieben und die Welt zu verwandeln!

Möge es das Eis in deinem Herzen zum Schmelzen bringen!

Aarhus 2009

Angaangaq -

Annganngarallak asasara - Aanakassap Aanaa Aanaqqii-llu oqaluttuai atuakkiarisavit saqqummernissaa qilanaareqaara.

Eqqaasikkusuppakkilli qanoq pingaartigisoq oqaluttuat taakkua ilumoortumik eqqortumik nuannersumik anersaarissumik tusarnersumillu allaatigissagitit - kinguaatta amerlasuut siunissaminni nukittoqqutigisalerniassammatigit - uvagullu utoqqalilerluta eqqissilluta atuarusaartalerniassagattigit eqqaamassutitut siulitta ataqqinartut ileqquvi upperisaat inooriaasaallu puvigugassaanngitsumik pigijuarniassagattigu tamatta.

Atuartup misigissavai siulitta ileqquvi. Atuagarlu uumassuteqartumik anersaarissumik allassimassalluni - taamatut allassinnaaguvit ilaqutariit sinnerlugit akuveraara atuakkiavit saqqumersinneqarnissaanut.

Asanningaartumik kunillutit inuulluaqquvakkit

Angaju - Kutuk

ANGAJU - KUTUK

Angaangaq

Annganngarallak my dear - the stories you are telling coming from our Aanakasaa and Aanaa Aanaqqii - I am looking forward to read.

I just want to remind you though - how important it is to write the teachings the way we received them - truthfully with great beauty spirit and sound - in such a way that our generations to come will find stenght within these beautiful and powerful teachings - and for us the old ones, that we can re-live these teachings of our ancestors with joy in our spirit the way they lived, the way they believed and how they lived what they teach.

Let the reader feel our ancestors and make the book a living book - can you do that - I accept you publishing the book on behalf of the entire family.

With a deepfelt love I greet you with a kunik

AANAKASAPT - AANALLO, SINNASARLLUTA OQALOTTUI NUANERSSUT, UKUD PUT,

ANGAJU - KUTUK.

INHALT

Prolog 11

Die Feier des Lebens 17
A Call to Pray 18
Vom Gebetsruf 19
Vom Beten 22
Vom schönsten Gebet 25
Von den Schamanen 27
Von den Zeremonien 30
Von deiner Bestimmung 34
Vom Leben der Eskimos 37
Von deinem Weg 39
Von den Lehrern 41
Von der Religion 43
Vom Geschichtenerzählen 45
Von der Stille 48
Von den Liedern 49
Vom Kreis 51
Vom Rauch und vom Räuchern 52
Von der Friedenspfeife 55
Vom Atem des Lebens 57
Von der Schwitzhütte 58
Vom Sonnenaufgang 63

Die Gaben des Lebens 67
Von der Seele 68
Vom Wunder des Daseins 69
Von der Verantwortung
der Völker 70
Von den Federn 72
Vom Schenken 75
Von der »Medizin« 78
Von der Kralle der Robbe 82
Vom Instrument des Großen Himmels – *Qilaut* 83
Vom Herzschlag 86
Vom Geruch 88
Vom Lächeln des Herzens 89
Vom niederen und vom
höheren Selbst 90
Vom Tiergeist in dir –
»*Animal Spirit*« 92
Vom Eisbären 94
Vom Adler 95
Vom großen Wal 96
Vom Delphin 97
Von der Robbe 98
Vom Karibu 99
Von der Gans 100
Von unserer Verantwortung für die Tiere 102
Von der Schönheit der Pflanzen 104
Von der Heilkraft der Pflanzen 105
Von den Mineralien 107

Vom Gleichgewicht des Lebens 109
Vom Schmelzen des Eises 110
Vom Wandel der Welt 111
Vom Willen 115
Vom Zusammenhang alles Lebendigen 117
Von der Klugheit der Tiere 120
Vom Jagen 121
Vom Süßgras 124
Von den Krankheiten 127
Vom Heilen 129
Von den drei Gebeten 132
Vom Berühren 133
Vom Heilen der Erde 134
Von der Göttin des Meeres 136
Vom Walross 140
Von Feen, Trollen und Zwergen 141

Die Zeiten des Lebens 143
Von den Jahreszeiten 144
Von den vier Lebensaltern 146
Vom Tod 148
Vom Sterben 150
Vom Nordlicht 154
Vom Kreislauf des Lebens 155
Von Geburt und Schwangerschaft 158
Von den Wurzeln 160
Von der Erziehung 164
Von der Familie 167
Von der Verantwortung für die Kinder 169
Von den Bäumen 171
Von der Jugend 172

Von den Männern 177
Von den Frauen 178
Von Männern und Frauen 179
Von der Sexualität 181
Vom Heiraten 184
Von der Ehe 187
Von der Harpune 189
Von der Liebe 191
Von den Gemeinschaften 192
Von den Großmüttern 194
Vom Zerfall der Gesellschaften 196
Vom Krieg 197
Von der Grenzenlosigkeit 198
Vom Alter 200
Vom höchsten Punkt des Lebens 201
Von deiner Aufgabe, anderen den Weg zu weisen 204
Vom Mond 205

Alles, was es braucht, ist »Ich liebe dich« 207

Nachwort des Herausgebers 228

Biografische Notizen 235

Bilderläuterung 237

»My way is not the only way«
(Aanakasaa, Angaangaqs Großmutter)

PROLOG

Immer wenn ich von meinen Reisen quer durch die Welt zurückkehrte, lud unsere Mutter Aanaa Aanaqqii alle Ältesten ein, die sie kannte. Ich sollte ihnen von diesen Reisen erzählen. So hielten es mein Vater und meine Mutter seit dem Jahr 1975. Für sie beide war es sehr wichtig, dass die Ältesten wussten, was ich in meiner Welt erlebte. Nachdem unser Vater Aataa Aataqqii die irdische Welt verlassen hatte, setzte meine Mutter diese Tradition fort. Sie lud die Ältesten in ihr Haus.

Eines Tages im Jahr 1978 kam ich wieder einmal von einer Reise mit Vorträgen, Diskussionen und Sitzungen zurück. Ich hatte vor den Menschen der westlichen Welt – unter anderem vor den Vereinten Nationen – davon gesprochen, dass das Große Eis in Grönland schmilzt, und die Menschen hatten mir Applaus gespendet. Ich war stolz. Und voller Eifer kehrte ich nun heim und erzählte den Ältesten, was für eine bedeutende Rede ich gehalten hatte. Die Ältesten erwiderten: »Haben sie dich gehört, mein Sohn?« Da begriff ich, dass ich vor lauter Stolz gar nicht darüber nachgedacht hatte, ob die Menschen, die dort saßen, meine Worte wirklich gehört hatten. Und je mehr ich redete und reiste, desto bedrückter fühlte ich mich. Ich sprach und sprach, doch ich spürte immer stärker, dass ich die Menschen nicht erreichte. Ich erinnere mich sehr gut daran, dass ich meine Mutter aufsuchte und ihr sagte, ich hätte den Eindruck, nichts würde sich ändern. Jedes Mal, wenn ich sprach, applaudierten die Menschen. Sie stimmten mir zu und nickten freundlich. Aber nichts geschah. Also fragte ich meine Mutter, was ich tun solle. Wir waren in ihrem Wohnzimmer. Sie saß auf einem Stuhl, der unserem Vater gehört hatte. Er war zu ihrem Lieblingsstuhl geworden. Sie stand auf. Ich tat es ihr nach. Sie nahm meine beiden Hände und schaute zu mir auf, denn ich war um einiges größer als sie. Dann lächelte sie ihr bezauberndes Lächeln. Sie schloss ihre Augen, und ich tat es ihr nach.

Da sagte sie: »Sohn, du weißt, dass du andere Wege beschreiten wirst.« Ich erinnere mich, dass ich lebhaft »Ja« sagte. Wir blieben so stehen. Wir hielten unsere Hände und schauten uns mit geschlossenen Augen an. Und sie sagte zu mir: »Mein Sohn, du weißt, dass du andere Wege beschreiten wirst. Du wirst ausziehen, um das Eis in den Herzen der Menschen zu schmelzen. Nur indem wir das Eis in den Herzen des Menschen schmelzen, hat der Mensch die Chance, sich zu ändern und sein Wissen weise anzuwenden.« Dann schwieg sie.

Ich glaubte, sie sei fertig. Ich öffnete meine Augen und schaute sie an. Da öffnete auch sie ihre Augen. Sie lächelte ihr bezauberndes Lächeln. Ich sagte: »Ja. Aber wie mache ich das?« Erneut schloss sie ihre Augen. Das bezaubernde Lächeln spielte weiter auf ihren Lippen. Auch ich schloss meine Augen. Da sagte sie noch einmal: »Sohn, du musst lernen, das Eis in den Herzen der Menschen zu schmelzen! Nur indem wir das Eis in den Herzen des Menschen schmelzen, hat der Mensch die Chance, sich zu ändern und sein Wissen weise anzuwenden.« Dabei drückte sie sanft meine Hände. Und als ich meine Augen erneut öffnete, da schaute ich meine Mutter an und sah ihr ganz besonders zauberhaftes Lächeln. Und bevor ich nur ein Wort sagen konnte, drehte sie sich um und ging in ihre geliebte Küche.

Ich stand da und bedachte die Anweisung, die ich gerade empfangen hatte. Und ich fragte mich, was sie bedeuten würde. Denn bei den vielen Lehren, die sie uns allen gab, hatte sie mir doch nie erklärt, wie ich es anstellen könnte, das Eis in den Herzen der Menschen zu schmelzen – so, dass der Mensch lernen würde, sein Wissen weise anzuwenden.

Heute reise ich als Schamane, Ältester, Heiler, Geschichtenerzähler und Weisheitshüter von einem Ende der Welt zum anderen. Überall treffe ich die Ältesten der Völker, Stämme und Dörfer. Überall lasse ich mich nieder, um den Festen der Großmütter beizuwohnen.

Ich staune, wie aufmerksam sie sind: wie aufmerksam diese Menschen die Veränderungen der Welt verfolgen – und wie genau sie die spirituellen Bedürfnisse der Menschheit wahrnehmen. Ich habe Orte dieser Welt besucht, an denen die Menschen sich selbst nicht mehr kannten – verloren in ihrem Überlebenskampf, verzweifelt auf der Suche nach einer Liebe, die sie ersehnen.

Ich bin in einem kleinen Dorf in Grönland aufgewachsen. Die Menschen dort waren – und sind es noch heute – Fischer und Jäger. Wir lebten ganz so, wie unsere Großväter es getan hatten – wir lebten und überlebten dank der Gaben der Natur. Es gab tatsächlich nichts anderes als das, was Mutter Natur uns gewährte.

Das Volk der Kalaallit-Eskimos hat eine alte Prophezeiung: Wenn eines Tages das einst steinharte Große Eis so weich wird, dass du ihm keinen Abdruck deiner Hand einprägen kannst, dann wird das ein Zeichen dafür sein, dass Mutter Erde in großer Aufruhr ist. Meine Mutter Aanaa Aanaqqii sagte, sie hätte nie gedacht, dass sich diese Prophezeiung zu ihren Lebzeiten erfüllen und sie Zeugin dieser Erfüllung werden würde. Und doch: Im Jahre 1963 kamen zwei Jäger meines Volkes in unser Dorf und berichteten von einem sonderbaren Phänomen: Ein Rinnsal tröpfelte von der mächtigen Eiskappe des Inlandeises herunter. Heute ist dieses Rinnsal ein Fluss – und der Ozean droht, uns alle zu verschlingen.

Wir können lernen, der Stimme dieses Gebirges aus Eis zu lauschen. Es spricht zu uns in einer Sprache aus lang vergangener Zeit – so alt ist die Sprache, dass niemand ihr Alter kennt. Ganz wie die Zeit selbst, die reglos vor uns steht – in Erwartung der Entscheidungen, die du treffen wirst und deren Pfad du folgen wirst. Es ist die Zeit gekommen zu lauschen – zu lauschen – immer mehr zu lauschen. Dem Ton deines eigenen Herzens zu lauschen. Die *Qilaut*, die Windtrommel der Eskimos, ist kreisförmig. Ein Kreis hat keinen Anfang und kein Ende. Diesem Kreis gehören wir alle an. Die ganze Menschheit ist eine Qilaut. Der EINE GROSSE – der Mann, der uns geschaffen hat – er allein hält ihren Griff. Und jedes Mal, wenn Er den Rand der Trommel berührt, tönt der Herzschlag des Menschen. Und je kräftiger der Herzschlag tönt, desto besser geht es dem Menschen.

Es gibt ein altes Gebet. Es sagt: »Meine Hoffnung ist, dass wir alle einen kräftigen Herzschlag haben, sodass wir alle miteinander gesund sein können.« Und da es auch dein Herzschlag ist, wird dir dein Herz antworten, wann immer du zu ihm sprichst. Je kräftiger der Herzschlag, desto gesünder ist der Mensch. Hörst du den Herzschlag der Menschen? Wie stark ist er? Wie kraftvoll könnte er sein? Schau die Welt an, in der wir leben. Siehst du, dass wir es sind, die die Veränderungen ausgelöst haben?

Nie zuvor waren die Menschen so gebildet wie heute. Aber das große Wissen, dass wir uns angeeignet haben, hat das Leben nicht zum Guten gekehrt. Wir haben die Dinge immer schwieriger werden lassen. Wir haben nicht gelernt, unser immenses Wissen weise anzuwenden. Wir haben nicht gelernt, weise Entscheidungen zu treffen.

Nun, da das Eis auf dem Boden schmilzt und die Tränen von Mutter Erde in Fluss kommen, scheint es, als würde das Eis in den Herzen der Menschen noch fester gefrieren – fester als je zuvor. Doch je fester das Eis in den Herzen der Menschen gefriert, desto schwieriger ist es, einen wirklichen Wandel zu vollbringen. Deshalb sagte meine Mutter Aanaa Aanaqqii, dass die Menschheit sich nicht ändern würde, solange das Eis in den Herzen der Menschen nicht schmilzt.

Das Eis auf dem Boden ist leicht zu schmelzen – verglichen mit dem Eis im Herzen der Menschen. Du brauchst nur deine Hand auf das Eis zu legen, und innerhalb einer Minute wird die Kontur deiner Hand sichtbar. So einfach ist es, das Eis auf dem Boden zu schmelzen. Aber, wie meine Mutter Aanaa Aanaqqii sagte: »Am härtesten ist es, das Eis in den Herzen des Menschen zu schmelzen. Und nun ist die Zeit gekommen, genau das zu tun.«

Ich bin durch die ganze Welt gereist, um diese Lehren weiterzugeben: Solange wir nicht lernen, unserer spirituellen Verantwortung gerecht zu werden und uns dieser Lehren als würdig zu erweisen, werden wir nicht lernen, das Eis in den Herzen zu schmelzen – nicht in unseren Herzen und nicht in den Herzen anderer Menschen. Schmelzt du aber das Eis in deinem Herzen, dann wird die Welt sich verändern. Dann wirst du in der Lage sein, anderen dabei zu helfen, das Eis in ihren Herzen zu schmelzen. Dann wird unser aller Welt sich verändern – heute, morgen und zu jeder Zeit.

Ich bete, dass du und ich besser vorbereitet sein mögen – dass wir lernen mögen, das Eis in den Herzen der Menschen zu schmelzen.

Wie wir damit beginnen?

Wir beginnen mit einem Lächeln.

Die Schönheit eines Lächelns bringt – ohne ein Wort zu verlieren – das Eis in deinem Herzen zum Schmelzen.

Ich bete, dass wir lernen, zu unseren Lebzeiten die Welt zu verändern. Damit unsere Kinder noch viele, viele, viele Frühlinge über das Land ziehen sehen.

Die Feier des Lebens

A Call to Pray

I walk to the top of the mountain to pray.
Here I am – alone – at the very top of the world looking at the vastness surrounding me.
I feel very small – just like a speck within the greatness of creation.
The Great One, the Creator. Will He see me? Will He hear me?

Then I realized that I am not alone.

The minerals are here with me, but they are asleep.
I know this because when I walk on them I do not see their beauty. They stay asleep.
I need to awaken them so they can show their powerful beauty to the Creator and pray with me.

The plants are here with me, but they are asleep.
I know this because as I walk amongst them they are not blooming.
I need to awaken them, so they can show their beautiful blossoms to the Creator and pray with me.

I see the animals in a distance.
They too are asleep.
I know this because they are walking with their heads hanging low.
I need to awaken them, so the new ones can be born and play.
I need to awaken them, so they can walk in a good way and pray to the Creator.

I see the people of the world are also out there.
They too are asleep.
I know this because they are not chanting the songs of the heart.
I need to awaken them so their hearts can speak to the Creator.

Once I awaken the mineral world, the plant world and the animal world, the people too will awaken.
Then the Creator will hear our prayer and see me.

VOM GEBETSRUF

Eines Tages wanderte ich über das Land. Ich sah all die Steine und Felsen. Sie waren da, einfach nur da, stumm und reglos. Da verstand ich, dass sie nicht beteten. Doch da ich so dachte, fingen sie an zu beten. Und es entstanden die schönsten Mineralien, die man sich denken kann: Diamanten und Smaragde, Kristalle, Silber, Gold, Platin – unzählige Steine in prächtigen Farben und glänzenden Formen. Sie sind das Zeichen dafür, dass die Welt der Mineralien zu ihrem Schöpfer betet.

Ich ging weiter und betrachtete die Pflanzen. Sie waren einfach nur da, stumm und reglos. Doch da ich sie betrachtete, fingen sie an zu beten. Und sie enthüllten ihre schönsten, kraftvollsten, bezauberndsten Blüten – eine unendliche und unbeschreibliche Mannigfaltigkeit von Blumen und Bäumen. Sie sind das Zeichen dafür, dass die Pflanzenwelt ihre Gebete spricht.

Weiter führte mich mein Weg, und ich kam zu der Welt der Tiere. Ich sah all die schwimmenden Wesen, die kriechenden Wesen, die gehenden Wesen und die fliegenden Wesen. Sie waren da, aber sie lebten einfach nur. Doch dann fingen sie an zu beten. Und sie zeugten all die wunderschönen kleinen Tiere. Sie gaben das Leben weiter und erfüllten das Land mit zauberhaften Geschöpfen – in einer Fülle, die kein Mensch je zu zählen vermag.

Dann sah ich den Menschen. Er sah mühselig aus, bedrückt und beschwert. Bis zu dem Tag, an dem er zu beten begann: Er stand auf und lächelte. Und Schönheit floss aus seinem Herzen. So richtete er sich auf zu seiner Größe. Da stand er: aufrecht, in seiner Kraft und Schönheit – gerade so, wie er sein sollte.

Deswegen ergeht an uns alle der Ruf zu beten. Wenn du den Ruf vernimmst, folge ihm. Ich bete, dass du das Beten lernen mögest. Dann wirst du die Welt der Mineralien in ihrer unglaublichen Schön-

heit erfahren, dann wirst du die Pflanzenwelt in ihrer bezaubernden Fülle sehen, dann wird dich die Tierwelt in ihrer Mannigfaltigkeit erfreuen. Und der Geist* des Menschen wird ein Lächeln auf deine Lippen zaubern.

Dann wirst auch du den EINEN GROSSEN rufen.

Die Menschen in Ostgrönland sagen: Wenn die Sonne aufgeht und wir hinausgehen, um sie zu begrüßen, dann ist sie so kraftvoll und so groß, dass auch wir schwache und kleine Menschen uns groß und kraftvoll fühlen. Für uns ist es so, als würde die Sonne durch diese ganze wundervolle Welt hindurchdonnern. Und das ist der Grund

---

* *Angaangaq spricht von »Spirit«, was am präzisesten mit »Geist« übersetzt werden kann. Das deutsche Wort »Geist« hat jedoch Nebenbedeutungen, die hier zu Missverständnissen führen können – vor allem zu einer Einschränkung von »Geist« auf kognitive Funktionen (englisch: mind, hier »Verstand« oder »Intellekt«). Deshalb ist »Geist« hier und im Folgenden kursiv gesetzt (Anm.d.Hrsg.).*

dafür, warum wir zu unserem Schöpfer so laut reden, wie wir nur können. Anderenfalls würde die Sonne uns übertönen. Wenn wir die Zeremonie der aufgehenden Sonne feiern, beten wir deshalb mit der ganzen Kraft unserer Stimme. Der Gesang kommt aus der tiefsten Tiefe unseres Wesens. Wir lassen ihn aufsteigen und bringen unser Innerstes dem Schöpfer dar. Wir singen so laut wir nur können. Womöglich würde der EINE GROSSE uns sonst übersehen. Vielleicht würde er uns überhören.

Das ist der Grund dafür, warum viele Eingeborene in Nord- und Südamerika bei ihren Gebeten sagen: »Gott, kannst du mich sehen? Gott, kannst du mich hören?« Wir wissen es ja tatsächlich nicht. Wir sind kleine Wesen in einer immensen Schöpfung. Wenn du mit gedrückter Stimme stammelst: »Mein Gott, erhöre mich«, wird er dich nicht hören. Doch wenn du dem Gebetsruf folgst, wenn du bei dir zu Hause bist, inmitten der großen Natur, dann kannst du sicher sein, dass du gehört wirst. Bete kraftvoll aus deinem Herzen, und Er wird dich hören.

Und bete gemeinsam mit anderen! Wenn wir gemeinsam singen, wird unser Gesang zum Großen Himmel steigen.

Ich hoffe und bete, dass du und ich eines Tages diesen Gesang gemeinsam anstimmen.

VOM BETEN

Einst ging ich in St. Petersburg in eine Kirche. Es war ein schlechter Tag. Ich hatte die Nachricht erhalten, dass meine Nichte bei einem Autounfall in Grönland tödlich verunglückt war. Ich brauchte einen Augenblick der Stille. Ich wollte mich sammeln. Ich wollte den Schöpfer fragen, warum er meine Nichte genommen hat – obwohl sie so jung und so schön war, erst fünfzehn Jahre alt. Ich brauchte spirituellen Beistand. Als ich die Kirche betrat, war es eiskalt. Nichts war einladend, keinerlei Wärme ging von dem Ort aus. Niemand begrüßte mich. Es war sehr einsam. Dabei waren viele Menschen dort. Sie saßen auf den Holzbänken und schienen in tiefes Gebet versunken.

Als ich mich umschaute, hatte ich das Gefühl: Hier gehöre ich nicht hin. Aber ich konnte auch nicht einfach hinausgehen. Denn ich musste die Antwort finden, warum mir meine Nichte genommen wurde, obwohl niemand da war, der mir helfen konnte. Also ging ich zum Altar. Ich stand dort und sah die prachtvollen Gerätschaften. Ich durfte sie nicht berühren. Was konnte ich also anderes tun, als meine Trommel auszupacken. Ich schloss meine Augen und rief – ganz still – meinen Schöpfer. Als ich meine Zeremonie abgeschlossen hatte, fühlte ich mich zu Hause. Ich konnte wieder kraftvoll und aufrecht stehen.

Ich öffnete meine Augen. Vor mir stand ein Mann in einer langen Robe. Im Gesicht trug er einen eindrucksvollen, langen Bart. Er schaute mich an. Ich schaute ihn an. Ich berührte mein Herz und verbeugte mich vor ihm. In Dankbarkeit dafür, dass ich in seiner Kirche sein durfte. Er sagte: »Das war ein Gebet!« Und dann ging er davon. Ich hatte keine Vorführung aus meinem Gebet gemacht. Ich wollte die anderen Menschen nicht dazu bringen, meinen Gesang zu hören. Ich musste einfach nur mit meinem Schöpfer reden. Das war alles. Denn ich war einsam und es war kalt. Meine Nichte war tot. Er hatte sie genommen – von mir, von ihrer Mama und ihrem Papa. Ich brauchte eine Antwort.

Warum machen wir alles so kompliziert? Im Norden begegnest du Menschen, die irgendwo auf einer Anhöhe stehen und singen. Du hörst zu. Wenn du gut zuhörst, wird dir klar werden, dass du ein Teil ihres Gebetes bist. Du bist kein Zuhörer oder Zuschauer. Du bist Teil des Gebetes. So wie der Priester in St. Petersburg Teil meines Gebetes war.

Die Alten sagen: »Beten heißt, die Sprache des Schöpfers zu sprechen.« Sie sagen: »Im Laufe deines Lebens wirst du diese Sprache lernen.« Ich weiß nicht, wie das geht. Aber ich weiß, dass sich alles verändert, wenn Menschen in ein tiefes Gebet gehen: der Ton, die Sprache, die Blicke, der *Geist*. Ich habe es oft bei den Ältesten beobachtet. Eine andere Energie füllte den Raum. Du kannst es spüren.

Beten heißt nicht, den Schöpfer um dies oder das zu bitten. Beten heißt: Ich offenbare meinem Schöpfer mein Herz. Beten heißt: Bewusst sein. Beten heißt: In der Stille dem nachzuspüren, was du deinem Schöpfer zu sagen hast. Zu meditieren und dein Gebet im Herzen zu bewegen, bis eine Antwort in dir entsteht. Dann liegt es an dir, das, was du als Antwort vernommen hast, in dir lebendig werden zu lassen. Gott hat dir *geantwortet*, und nun ist es deine Ver*antwortung*, seiner *Antwort* Gestalt zu geben.

Die wenigsten Menschen beten so. Die meisten wenden sich an den Schöpfer wie an einen Freund, den sie um etwas bitten – und von dem sie annehmen, dass er dann schon dafür sorgen wird, dass diese Bitte erfüllt wird. Und dann sitzen sie und warten bis ans Ende ihrer Tage, dass das geschieht. Sie warten auf ein Wunder, aber es geschieht nicht. Die Zeit der Wunder ist vorbei. Das einzige Wunder, das geblieben ist, ist das Wunder, dass du lebst. Warum warten die Menschen vergeblich auf ein Wunder? Warum warten sie auf die Erfüllung ihrer Gebete? Weil sie ihre Gebete nicht in der Stille des Herzens bewegen. Weil sie die Antwort auf ihre Gebete nicht vernehmen und die Verant-

> *Ein Gebet, dem kein Handeln folgt, ist nur leeres Gerede.*

wortung für ihre Gebete nicht übernehmen. Deshalb sagen die Alten: »Ein Gebet ohne Handlung ist wertlos.« Wenn ich meinem Gebet keine Handlungen folgen lasse, ist es ein leeres Gerede. Große Worte machen – das kann jeder. Aber die wenigsten werden je dahin kommen, ihren Worten Taten folgen zu lassen. Auch mir fällt das oft schwer. Jeden Tag ringe ich mit mir. Denn ich will nicht zu denen gehören, die nur reden und nie handeln.

VOM SCHÖNSTEN GEBET

Für meine Gebete brauche ich keine Kirche. Ich steige auf einen Berg. Ich sehe ihn jeden Tag, aber ich steige nicht jeden Tag auf seinen Gipfel. Wenn ich auf seinen Gipfel steige, dann, um mit meinem Schöpfer zu reden. Ich suche die Intimität des Gespräches mit Ihm. Und dann schütte ich Ihm mein Herz aus. Dann bin ich zu Hause. Dann bin ich bei mir zu Hause. So, wie es auch in der Kirche sein sollte. Ich sitze da, ich rede mit meinem Schöpfer, ich bin bei mir zu Hause. So sollte es sein.

Wenn du bei dir zu Hause bist, bist du überall zu Hause. Für uns Eskimos ist das wichtig. Denn wir leben auf der größten Insel der Welt. Und wir sind sehr wenige. Das Land ist immens. Da ist es wichtig, bei sich zu Hause zu sein. Aber nicht nur in Grönland. Überall. Die größte Kirche dieser Welt heißt: Natur. Suchst du sie auf, kommst du nach Hause. Nach Hause zu dir selbst. Nur: Die wenigsten von uns wollen nach Hause kommen. Denn wir wissen nicht, wer wir sind. Wie könnten wir zu uns nach Hause kommen, wenn wir nicht wissen, wer wir sind? Es ist unmöglich. Also stehen wir vor der Aufgabe, uns zu erkennen. Denn sonst können wir nicht nach Hause kommen. Sonst können wir nicht bei uns sein. Sonst können wir nicht blühen.

Das schönste Gebet ist ein blühender Mensch: aufrecht, kraftvoll, schön. Dafür sind wir gemacht. Für alle Zeit. Nicht gebeugten Geistes, nicht gebeugten Körpers – sondern aufrecht und kraftvoll und in Schönheit. Darum geht es. Das ist es, was der Große Himmel – andere nennen ihn *Gott* – für uns vorgesehen hat. Für ihn gehen wir aufrecht. Für ihn gehen wir kraftvoll. Für ihn gehen wir in Schönheit. Für ihn blühen wir. Wie die Pflanzen, wie die Tiere, wie die Steine.

Vielleicht fragst du dich: Wie kann ich auf diese Weise beten? Wo ist meine Kirche? Hier ist keine Natur. Hier ist keine Stille. Hier ist

keine Intimität für ein Gespräch mit dem Schöpfer. – Du hast recht. Das moderne Leben macht es schwer, mit deinem Schöpfer zu reden. Alle Welt ist so sehr damit beschäftigt, den Lebensunterhalt zu verdienen, dass wir zu beten verlernt haben. Das ist die eigentliche Tragödie.

VON DEN SCHAMANEN

Viele Menschen stellen sich unter einem Schamanen eine Art Zauberer oder Magier vor: einen, der über übersinnliche Kräfte verfügt. Sie glauben, ein Schamane sei ein Exot in merkwürdigen Kleidern. Aber das ist nicht das, was einen Schamanen ausmacht. Ein Schamane ist ein Mensch wie du und ich – ein Mensch unter Menschen. Ein Schamane ist kein Über-Mensch, sondern ein wirklicher Mensch: ein Mensch, der in großer Achtsamkeit lebt – ein Mensch, der sich selbst erforscht und die drei Welten seiner selbst erforscht hat und der deshalb in der Lage ist, dich auf deinem inneren Weg zu begleiten; der in der Lage ist, dir dabei zu helfen, deine eigene Schönheit zu erkennen, dich selbst zu lieben und bei dir selbst anzukommen.

Einen Schamanen erkennst du nicht an seiner Trommel, an seinen Kleidern, an seinen Zeremonien. Einen Schamanen erkennst du an seiner Präsenz, an seiner Achtsamkeit, an seiner Liebe. Nicht jeder, der (in deiner Vorstellung) wie ein Schamane aussieht, ist ein Schamane. Und es gibt Schamanen, die nicht wie Schamanen aussehen, aber doch Schamanen sind. Der Dalai Lama etwa ist ein Schamane, Franz von Assisi war ein Schamane: große Lehrer, die sich der Verantwortung gestellt haben, Menschen den Weg zu weisen.

Die Lehren der Schamanen handeln immer von dir. Sie verraten dir etwas über dein Leben. Wenn etwa die Rede davon ist, dass die Schamanen in die Unterwelt reisen, dann ist damit nicht gemeint, dass sie sich durch die Steine und die Erde graben. Sondern es geht darum, dass sie in die Tiefen des menschlichen Lebens hinabsteigen. Und wenn es heißt, dass sie dort viele Menschen treffen, dann ist damit gemeint, dass sie all die Beziehungen aufdecken, die jeden Menschen mit vielen anderen verbinden. So erkunden sie die Gründe und Tiefen des Lebens. Wenn ich in die Unterwelt deines Lebens hinabsteige, dann werde ich erkennen, wer du bist. Und ich werde dir dabei helfen zu erkennen, wer du bist. Denn das ist das Wichtigste: zu erkennen, wer du bist. Die Alten sagen: »Der Grund, weshalb wir auf Erden wandeln, ist, uns selbst kennenzulernen.« Denn wenn wir uns selbst erkennen, werden wir auch den Schöpfer erkennen. Sie sagen: »Du bist ein Ebenbild des Schöpfers!« Ein Ebenbild, kein Doppelgänger! Ich sehe nicht aus wie der Schöpfer, aber ich bin doch sein Ebenbild. Und deshalb werde ich den EINEN GROSSEN erkennen, wenn ich mich selbst – sein Ebenbild – erforsche. Das ist der Sinn unserer Lebensreise.

Da aber die Verstrickungen in mir mächtig sind, ist es oft schwer, mich selbst zu erkennen. Viele Menschen haben Angst davor. Sie wollen gar nicht bei sich ankommen. Sie scheuen ihre verborgene Essenz und richten ihre Aufmerksamkeit lieber auf andere. Sie lassen sich von sich ablenken.

Deshalb haben wir die Lehren: damit wir wieder auf uns selbst gelenkt werden und die Augen für uns selbst öffnen. Die Lehren unterstützen uns dabei. Ebenso die Schamanen. Sie sind Instrumente, die dir helfen, dich besser zu verstehen. Sie steigen in deine Tiefe und sagen dir etwas über deine verborgene Essenz. Sie blicken in deine Instinkte und bringen die verborgenen Triebfedern deines Tuns ans Licht. Sie lenken deine Aufmerksamkeit darauf, wer oder was dich geprägt hat: wen du getroffen hast, was du gesehen hast, was du erlebt hast, wen du verletzt hast. So öffnen sie dir die Augen für dich selbst. Sie bringen dir zu Bewusstsein, was deine Handlungen bewirkt haben. Das kann schmerzhaft sein, das kann peinlich sein, das kann beschämend sein. Aber nur, wenn du dir dessen bewusst bist, welche Spur du in deinem Leben hinterlassen hast, kannst du dich selbst verstehen. Ein Schamane wird dich dabei nie anklagen. Er redet nicht von Sünde, sondern von Vergebung. Das ist ein großer Unterschied. Denn durch Vergebung kommen wir dazu, uns selbst anzunehmen und uns als Ebenbilder des EINEN GROSSEN zu erkennen.

Wenn du dich selbst verstehen willst, schau dir an, welche Spur du in deinem Leben hinterlassen hast.

Und nur, wenn du dich selbst verstehst und mit dir selbst im Reinen bist – in dem, was du bist und als der, zu dem du geworden bist –, wirst du dein gegenwärtiges Leben meistern. Auch dabei kann ein Schamane dich unterstützen. Er tut dies, indem er – wie wir sagen – deine menschliche Welt bereist. Die »menschliche Welt«, das ist dein alltägliches Leben: deine Familie, deine Freunde, deine Bekannten. Wenn er dorthin geht, wird er vieles sehen. Und er wird dir davon erzählen, wer und was ihm dort alles begegnet ist. Er wird darauf achten, welchen Einfluss all diese Menschen auf dich haben. Und oft haben sie einen großen Einfluss, dessen du dir überhaupt nicht bewusst bist. Oft hast auch du einen großen Einfluss auf sie, dessen du dir überhaupt nicht bewusst bist. Weil du einfach nur vor dich hin lebst. Weil du blind durchs Leben gehst und dabei die Menschen deiner Umgebung verletzt, ohne es zu merken. Der Schamane wird dich darauf stoßen. Er wird dir deine menschliche Welt zu Bewusstsein bringen.

Und er wird den Raum deiner Möglichkeiten ausloten. Das ist gemeint, wenn wir sagen, dass der Schamane den Großen Himmel bereist. Indem er das tut und dir davon Kunde gibt, wird er deinen Horizont weiten und dich öffnen, sodass du wirklich zu dem werden kannst, der du bist. Mit allen deinen Anteilen. Sodass du kraftvoll, aufrecht und in Schönheit durchs Leben schreiten kannst.

Die Aufgabe des Schamanen ist es, dich auf deinem inneren Weg zu begleiten. Er ist dafür da, dich mit dir bekannt zu machen – und dich zu der Einsicht zu bringen, wie schön du bist. Sodass du dich selbst erkennen und dich selbst lieben kannst. Dich darin zu unterstützen – durch Lehren, Geschichten und vor allem durch Zeremonien – das ist die Arbeit der Schamanen.

VON DEN ZEREMONIEN

Du fragst, was dir am meisten fehlt? Am meisten fehlen dir die Zeremonien. Es gibt nichts Wichtigeres im Leben als Zeremonien. Wenn du einen Schamanen um Hilfe bittest, wird er eine Zeremonie mit dir abhalten. Er wird dies tun, um deinen *Geist* zu erheben. Er wird es tun, um dich zu heilen. Nichts fehlt euch Menschen des Westens mehr als Zeremonien. Ihr glaubt, Zeremonien seien etwas Geheimnisvolles und Schwieriges. Ganz so wie das Leben, das euch auch kompliziert erscheint. Aber die Wahrheit ist: Das Leben ist ganz einfach. Und wunderschön. Ihr seid es, die das Leben kompliziert macht.

Ihr Menschen im Westen habt den Sinn für das Fest des Lebens eingebüßt. Ihr habt die Zeremonien vergessen. Mehr noch: Ihr habt vergessen, dass ihr die Zeremonien vergessen habt.

Aber es gibt auch eine Gegenbewegung. Es begeistert mich, dass immer mehr Menschen mich einladen, um als Schamane mit ihnen Zeremonien zu feiern – damit sie herausfinden, was es ist, das sie vergessen haben. Ist das nicht faszinierend? Ich komme aus einem kleinen Dorf am Ende der Welt. Doch die Lehren, die ich mitbringe, werden von den Menschen überall auf der Welt verstanden und anerkannt. Überall bekomme ich gesagt: »Wow, die Lehren vom Ende der Welt sind gar nicht mal so schlecht.« Und warum? Weil sie Leben bringen. Weil sie *dir* Leben bringen. Weil sie es dir möglich machen, herauszufinden, wer du bist.

Mein jüngster Bruder wurde am 16. April 1958 geboren. Als er seinen ersten Fisch fing – eine Forelle –, ließen meine Mutter und mein Vater alles stehen und liegen und trommelten das ganze Dorf zusammen, um dieses Ereignis zu zelebrieren. Jeder kam, alle fünfzig Einwohner kamen zu unserem Boot. Die Großmütter brachten weitere Fische. Und dieser eine Fisch, den mein kleiner Bruder gefangen hatte, wurde zunächst nicht angerührt – nicht von meinem Vater, nicht von meiner Mutter, nicht von meinem Bruder. Dann aber, als alle da waren, erhielt jeder, der gekommen war, ein kleines Stück von ihm. Und mein kleiner Bruder, der damals zwei Jahre alt war, wurde somit zum Versorger eines ganzen Dorfes. Natürlich brauchten wir andere Fische, um unser Fest* zu feiern, aber es hatte doch jeder Dorfbewohner ein kleines Stück vom Fisch meines Bruders bekommen. Was für ein schönes Fest! Meine Mutter weinte, mein Vater konnte gar nicht mehr aufhören zu lächeln, so stolz war er. Nur mein kleiner Bruder wusste nicht recht, wie ihm geschah. Aber gleichwohl hat sich dieses Fest in seine Seele eingebrannt – dieses Fest, bei dem ein kleiner Junge im Alter von zwei Jahren seinen ersten Fisch gefangen hatte und damit zum Versorger der Seinen wurde. Heute ist er ein alter Mann – und noch immer liebt er es, fischen zu gehen. Er erinnert sich nicht mehr an seinen ersten Fisch, aber die Geschichte ist ihm von vielen Menschen immer wieder erzählt worden.

Und so gibt es bei uns unzählige Zeremonien und Feste: Wir feiern den ersten Fisch, die erste Robbe, die erste Kartoffel. Alle diese Feste erinnern uns daran, dass das Leben eine Zeremonie in sich selbst ist – wert, mit einer Zeremonie gefeiert zu werden. Doch die Menschen heute tun dies nicht mehr. Sie haben ihre Zeremonien vergessen. Und mit ihren Zeremonien vergessen sie das Leben. Die wenigen Zeremonien, die es noch gibt, sind zu Ritualen erstarrt. Meine Großmutter Aanakasaa sagte: »Wenn wir bei den Dingen, die wir tun, die Begeisterung verlieren, dann werden sie zu Ritualen.« Denn dann begehen wir sie nur noch, weil sie immer schon begangen wurden. Das gilt auch für die Zeremonien. Wenn der *Geist* aus ihnen geschwunden ist, werden sie zu Ritualen. Deswegen sagte meine Großmutter kurz

---

* Angaangaq spricht hier wie sonst auch von »ceremony« – ein Wort, das ich größtenteils mit »Zeremonie« wiedergebe. In einigen Fällen habe ich mich jedoch für die Übersetzung »Fest« entschieden, um dem lebensnah-bodenständigen Charakter der grönländischen Zeremonien Rechnung zu tragen (Anm.d.Hrsg.).

vor ihrem Tod im Juli 1969, ihre größte Sorge sei es, ein Ritual geschaffen zu haben – dass man nämlich nach ihrem Tod sagen würde: »Wir müssen dies und jenes so tun, weil Großmutter es tat.« Sie wusste, dass Zeremonien leben und wachsen wollen – wie ein Baum, der sich zu immer größerer Schönheit und Kraft entfaltet – und dass eine Zeremonie nur noch für das Feuer taugt, wenn sie aufgehört hat, Früchte zu tragen.

Leider ist die Welt von heute voll von Ritualen und arm an Zeremonien. So viele Zeremonien haben ihren *Geist* verloren. Sie werden nur noch begangen, weil es seit Jahrhunderten so üblich ist. Die Rituale sind leer. Die Zeremonien hingegen helfen uns, die Schönheit und Einfachheit des Lebens zu entdecken. Sie bringen uns zu Bewusstsein, dass das Leben zu kurz und zu kostbar ist, um es in Niedergeschlagenheit und Angst zu verbringen: dass wir freundlich mit uns umgehen und die Augen für die Schönheit in und um uns öffnen sollten. Denn wenn wir die Schönheit nicht wahrnehmen, werden wir bitter und kalt. Mit dem Blick auf die Schönheit um uns verlieren wir unsere eigene Schönheit. Wir verlieren unser Gespür für das Leben, wenn wir seine Schönheit mit leeren Augen anstarren, ohne sie zu spüren. Dann hören wir auf, mit dem Herzen zu lächeln, und das Leben wird kalt und grau. Dann blicken wir wie mit Scheuklappen in die Welt, statt uns an ihrer Herrlichkeit zu erquicken. Dann geht es uns wie den Menschen, von denen die Geschichte vom Gebetsruf erzählt: Wir sind niedergeschlagen und müde.

Mit Zeremonien entdecken wir die Schönheit des Lebens.

Erst wenn wir wieder zu beten lernen – wenn wir uns aufrichten und in Kraft und Schönheit unter dem weiten Himmel wandeln –, erst dann werden wir wieder die Größe und Schönheit unserer Welt spüren. Mit dem Gebet – mit der Zeremonie – öffnen wir uns und alles wird schön und leicht und frei. Dann können wir wieder atmen. Die Zeremonien sind viel größer als dein beschränkter Verstand. Dein ganzes Leben hängt an ihnen. Ohne Zeremonie kannst du nicht leben.

Das ist es, was die Alten sagten. Ich denke oft darüber nach. Ich denke daran, wie viel Zeit meines Lebens ich ohne Zeremonien verbracht habe. Und dann wird mir klar, wie viel Zeit meines Lebens ich gar nicht gelebt habe. Und ich denke daran, wie viele Menschen ganz und gar ohne Zeremonien leben. Dann erschauere ich.

Die Alten sagen: »Wir leben nicht, wenn wir ohne Zeremonien leben.« Ohne Zeremonien bist du einfach nur da: Du schläfst, stehst auf, isst, arbeitest, schaust Fernsehen, gehst zu Bett. Das ist alles. Und das ist nichts. Du bist den ganzen Tag beschäftigt. Aber wofür? Für nichts. Die Alten sagen: »Das Leben ist eine Zeremonie in sich selbst – wert, mit einer Zeremonie gefeiert zu werden.«

Vielleicht denkst du: »Was kann ich tun? Die Zeremonien sind verloren gegangen. Wir haben nicht einmal mehr die Erinnerung daran.« Ja, du hast recht. Aber das bedeutet nicht, dass du nicht mehr feiern kannst – dass du den Sinn für Zeremonien nicht zurückgewinnen kannst. Er steckt in dir. Du musst ihn wecken. – Wie? – Indem du Zeremonien feierst. Wenn du keine Zeremonien mehr kennst: Erfinde neue, die für dich passen. Wenn du keine Lieder mehr kennst, die die Schönheit und Kraft des Lebens beschreiben: Erfinde neue Lieder! Es ist nicht schwer: Der Mond ist immer da, und du wirst die passenden Worte finden, wenn du zu ihm aufblickst. Du wirst die passenden Gesten finden, wenn du zu ihm aufblickst. Also: Blick zu ihm auf! Bewusst. Mit offenem Herzen. Und schon beginnt die Zeremonie. Schau auf die Erde. Es ist dasselbe. Sie ist immer da. Und immer hat sie dir etwas zu sagen. Achte darauf! Und schon hat die Zeremonie begonnen. Tue etwas mit Bewusstsein! Tue es so, dass es für dich bedeutungsvoll ist! Tue es mit dem Herzen! Vor allem: Tue es!

Wenn du es tust, wirst du deine Schönheit entfalten. Du wirst kraftvoll und aufrecht und schön über die Erde gehen – so, wie es deiner Bestimmung entspricht, jetzt und für alle Zeit.

VON DEINER BESTIMMUNG

Meine Großmutter Aanakasaa sagte: »Das Leben ist eine Zeremonie in sich selbst – wert, mit einer Zeremonie gefeiert zu werden.« Deswegen haben die Menschen meines Volkes Zeremonien und Feiern für alle Zeiten des Lebens. Zum Beispiel haben wir die Feier des Herbstes, wenn die Ernte eingebracht wird und die Beeren gesammelt sind. Wir feiern diese Zeremonie, wenn die Zeit des Wurzelnsammelns beginnt. Dabei geben wir jedem unsere guten Wünsche mit auf den Weg. Es ist eine wunderschöne Feier, die in einem guten gemeinsamen *Geist* begangen wird. Ein jeder erhält dabei seine besondere Aufgabe – eine Aufgabe, die es ihm ermöglicht, eine gute Grundlage für seine körperliche Kraft und Stärke zu schaffen.

Vielleicht bekommst du den Auftrag, auszuziehen, um eine bestimmte Pflanze zu suchen. Dann tust du nichts anderes. Du musst dich disziplinieren, denn du wirst auf deinem Weg anderes finden, was du lieber tun möchtest, Blaubeeren sammeln zum Beispiel. Aber das ist nicht deine Aufgabe. Die Zeremonie verlangt von dir, dass du genau diese eine Pflanze sammelst. Darauf musst du dich konzentrieren, davon darfst du dich durch nichts ablenken lassen. Sonst fällt der Schnee, bevor du die Wurzel gefunden hast, und du kommst mit leeren Händen zurück – ohne das Fundament für deine Kraft und Gesundheit gelegt zu haben. Dann hast du deine *Medizin*[*] verpasst. Weil du zu beschäftigt warst und dich von den verführerischen Schönheiten des Lebens ablenken ließest. – Warum erzähle ich dir das? Damit du ver-

---

[*] *Angaangaq spricht von »medicine« – gemeint ist ein Heilmittel, das dem Menschen in allen seinen Aspekten hilfreich ist – ganz gleich, ob es sich dabei um Kräuter, einen Tierknochen, einen Stein oder ein pharmazeutisches Produkt handelt. Um den weiten Bedeutungsgehalt von »Medizin« im Bewusstsein zu halten, ist es hier und im Folgenden kursiv gesetzt. (Anm.d.Hrsg.)*

stehst, dass die Zeremonien, die wir feiern, dazu dienen, dir dabei zu helfen, das zu tun, was dir zu tun bestimmt ist.

Wir sind Menschen, wir tun viele Dinge. Aber wir haben eine Bestimmung. Deshalb müssen wir gut auf uns selbst achten – um sicherzustellen, dass wir unsere Bestimmung nicht verfehlen. Das heißt: Wenn die Zeit gekommen ist, dann haben wir genau das zu tun, wozu wir bestimmt sind – die Pflanze zu suchen, die zu suchen uns aufgetragen ist. Dann müssen wir vielfältigen Versuchungen widerstehen. Es geht darum zu lernen, uns auf eines zu konzentrieren und es zu einem guten Ende zu bringen. Doch meistens verfehlen wir uns selbst. Wir lassen uns ablenken und vergessen unsere Verantwortung. So sind wir Menschen. Wir alle gehen in die Irre. Das ist menschlich. Deshalb machen wir niemandem einen Vorwurf.

Aber wenn wir unsere Bestimmung kennen und ihr folgen, können wir überall hingehen. Ich habe in Sibirien gejagt, ich wanderte in China, ich spazierte durch Tokio, ich verirrte mich in Thai Phe, ich schlenderte durch Los Angeles. Ich ging im Vertrauen, ich ging in Liebe. Ich ging in dem Bewusstsein meiner Bestimmung. Du fragst, woher ich dieses Vertrauen nehme? Woher diese Liebe? Woher das Wissen um meine Bestimmung? Aus den Zeremonien. Die Zeremonien geben mir die Kraft und das Vermögen, mich auf meine Aufgabe zu konzentrieren.

Die Zeremonien erlauben es dir, in allen Situationen deines Lebens der Wahrheit deiner selbst zu begegnen. Sie erlauben es dir, das Leben als ein Fest zu feiern, welches es wert ist, gefeiert zu werden. Zeremonien sind Übungen, um deine Aufmerksamkeit auf deine Bestimmung zu lenken. Denn das ist das Wichtigste im Leben. Die Alten sagen: »Du musst lernen anzunehmen, egal was da kommt. Dann findest du zu dir.«

Deswegen beten wir für unsere Kinder, dass sie wissen, was sie tun, wenn sie zur Reife gelangt sind. Dass sie die Ernte einbringen werden, bevor der Schnee fällt und der lange Winter das Land verdunkelt. Wir beten, dass sie ihr Leben als eine Zeremonie feiern, die in vollem Bewusstsein und in großer Achtsamkeit gefeiert zu werden verdient – ihrer Bestimmung zu folgen, ohne sich von nichtigen Dingen ablenken zu lassen. Das Leben ist eine Zeremonie in sich selbst – wert, mit einer Zeremonie gefeiert zu werden.

VOM LEBEN DER ESKIMOS

Das Wichtigste im Leben der Eskimos sind die Zeremonien und Feste. Ohne sie wäre unser Leben schwer und mühsam. Wir wohnen an einem der unwirtlichsten Orte der Welt. Wenn man so weit abgeschieden von allem anderen lebt, ist es ganz besonders wichtig, ein Leben zu führen, das es wert ist, gelebt zu werden – das es wert ist, wie eine Zeremonie gefeiert zu werden. Ein Leben voller Zeremonien. Ohne Zeremonien wird das Leben hart und kalt, nicht nur im hohen Norden. Überall auf der Welt haben die modernen Lebensverhältnisse dazu geführt, dass Menschen ihre Würde verloren haben – dass sie ihre Freude und Leichtigkeit verloren haben. Überall in der westlichen Welt gibt es dramatische soziale Probleme. Aber daheim, im Norden, ist es besonders schlimm.

Die Ureinwohner haben ihre Identität verloren, ihre Traditionen und ihre Werte. Die Gesellschaft fällt auseinander durch Alkoholismus, Drogenmissbrauch, Bildungsmängel. Wir Eskimos sind zum Objekt geworden. Die dänische Kolonialherrschaft hat uns zu Fremden im eigenen Land gemacht. Anstatt die Eigentümer unserer Häuser zu sein, müssen wir Fremden die Miete bezahlen. Das ist äußerst befremdlich, denn wir wissen, dass niemand das Land besitzen kann. Es gehört dem Schöpfer und niemandem sonst. Aber die Regierung hat es uns trotzdem genommen. Alles in Grönland gehört irgendjemandem – nur nicht den Eingeborenen. Das stürzt viele von uns in Verzweiflung. Es ist erniedrigend, Geld dafür bezahlen zu müssen, in einem Haus zu leben. Sie werden gezwungen, für andere zu arbeiten, um ein Einkommen zu erzielen. Doch es gibt keine Industrie. Der einzige Arbeitgeber ist die Regierung. Für die Eskimos steht die Welt kopf. Und das verursacht ein erschütterndes gesellschaftliches Leiden.

Das Schlimmste aber ist, dass den Menschen in Grönland ihre Zeremonien genommen wurden. Wer seine Zeremonien verliert, verliert alles. Für Menschen, die mit den alten Traditionen groß geworden sind, ist der Verlust der Zeremonien dramatisch. Nun kommt auch noch hinzu, dass das Große Eis schmilzt. Dieser Prozess verändert das Leben der Menschen in Grönland vollständig – obwohl sie nicht seine Urheber sind. Vor allem wird der Lebensraum der Tiere, von denen sie sich ernähren, zerstört. Für die Tiere ist das nicht so schlimm. Sie können sich anpassen. Aber die Menschen sind nicht so flexibel.

Doch gerade vor diesem Hintergrund beginnen wir wieder zu begreifen, wie sinnvoll und weise die Lebensform unserer Vorfahren war. Hunderte von Generationen haben dank ihres traditionellen Wissens in einer der unwirtlichsten Gegenden der Welt überlebt. Vor allem dank der Zeremonien. Ohne die Zeremonien hätte es nicht viel gegeben, was ihrem Leben Sinn und Freude verliehen hätte. Und wofür sonst hätte es sich gelohnt zu leben? Mit dem Verlust der Zeremonien hat die ganze Abwärtsspirale begonnen.

Aber jetzt kommen die Zeremonien zurück. Das ist meine große Hoffnung. Die Menschen treffen sich wieder zur Sonnenaufgangszeremonie, wenn nach den langen, sonnenlosen Tagen das Licht zurückkehrt. Sie steigen wieder auf die Berge, um die Sonne zu begrüßen. Sie halten wieder die Mondfeiern. Sie feiern mit ihren Familien den ersten Fisch, den ihre Söhne fangen. All das kehrt zurück, und das Leben wird wieder lebendig.

Das zeigt, wie wichtig es ist, sich immer wieder daran zu erinnern, dass das Leben eine Zeremonie ist – wert, mit einer Zeremonie gefeiert zu werden. All das ist für mich der Anfang eines neuen Anfangs. Ich glaube, dass unser Volk sich wieder aufrichten wird – groß und kräftig, ganz so, wie es sein soll. Das Bewusstsein kehrt zurück – und mit ihm der klare Blick, der uns dann auch erlauben wird, die eigentliche, die spirituelle Bedeutung all dessen zu begreifen, was in der weiten Welt geschieht. Und nicht nur in unserem Volk. Ich glaube fest daran, dass die Menschheit im Ganzen zu sich zurückfinden wird, wenn sie den Sinn für die Zeremonien zurückgewinnt. Grönland ist nur ein Mikrokosmos, in dem sich die Welt spiegelt.

VON DEINEM WEG

Der Weg zu dir ist lang und steinig. Es ist der Weg in das, was wir die »schamanische Welt« nennen. Dieser Weg kostet dich viel Zeit, er kostet große Anstrengungen. Aber wenn du ihn gehst, wirst du feststellen: Es gibt keine Zeit. Du wirst einfach sein. Du wirst zum Großen Himmel aufblicken und sein wie er. Der Große Himmel ist unendlich. Er ist einfach nur da. Der Weg in die schamanische Welt ist der Weg dorthin: der Weg zum Einfach-nur-da-Sein. Schamane ist ein Mensch dann, wenn er ganz und gar in der Präsenz und Achtsamkeit dieses Einfach-nur-da-Seins lebt.

Heute beschäftigen sich viele Menschen in der westlichen Welt mit der Tradition des Schamanismus. Aber sie haben eine moderne, westliche Vorstellung davon, was den Schamanismus ausmacht. Sie glauben, sie könnten über Nacht die schamanische Welt erreichen. Sie glauben, sie könnten auf die Schnelle Schamanen werden. Aber das ist unmöglich. Es ist ein langer Weg – ein langer Weg, der deine ganze Aufmerksamkeit fordert, der dein ganzes Engagement benötigt. Es ist ein Weg, der nie endet. Selbst wenn du zum Schamanen geworden bist, hört er nicht auf. Denn es gibt immer noch mehr zu lernen.

Die Wege, die in die schamanische Welt führen, sind zahlreich. Meine Großmutter sagte immer: »Mein Weg ist nicht der einzige!« Sie wusste, dass es viele Wege und viele Geschichten gibt. Und deshalb musst auch du nicht alle Wege gehen. Du musst deinen Weg finden. Aber sei achtsam: Du musst ihn *finden*, nicht *erfinden*. Ihr Menschen des Westens möchtet gerne alles nach eurem Geschmack gestalten. Und dafür opfert ihr die Traditionen. Das solltet ihr nicht tun. Denn die Traditionen bergen die Wege. Auch deinen Weg.

Ich treffe viele Menschen, die gerne Schamane sein möchten. Aber nicht jeder Mensch kann Schamane sein. Ganz so, wie nicht jeder Mensch ein Arzt oder Richter sein kann. Der Weg erfordert Übung.

Wenn du ihn gehen willst, brauchst du Geduld und Disziplin. Und du brauchst einen Lehrer. Aber auch einen Lehrer zu finden, ist nicht leicht. Dafür musst du die Fähigkeit entwickeln, die Qualität von Menschen zu sehen. Du musst in der Lage sein zu erkennen, wer dich auf deiner Reise leiten und begleiten kann – wer es wert ist, dass du dich ihm anvertraust. Du musst die Schönheit in den Menschen zu sehen vermögen. Du musst die Kunst des Zuhörens lernen.

Du wirst nie zur Entfaltung deiner selbst gelangen, wenn du dich nicht bewusst darum bemühst. Ohne diese bewusste Wachsamkeit wirst du immer wieder die alten Pfade beschreiten, bis du eines Tages aufwachst und dich fragst: »Was mache ich hier eigentlich die ganze Zeit?« Wenn diese Frage in dir aufbricht, kommst du zu Bewusstsein. Dann wird das Bewusstsein in dir lebendig und du kannst aufsteigen zum höchsten Punkt deines Lebens. Dort wirst du feststellen, dass dein Leben viele Möglichkeiten birgt.

Nun kannst du bewusst wählen – ohne eine große Sache daraus zu machen –, und du kannst endlich bei dir ankommen: bei dir zu Hause. Dann bist du noch lange kein Schamane, aber du hast eine Qualität des Lebens erreicht, die dich erfüllt: Du lebst in Bewusstheit und Achtsamkeit, du findest heraus, wer du bist. Der Große Himmel in dir geht auf und du lernst, dich selbst zu lieben. Wenn du das gelernt hast – wenn du dich wirklich selbst lieben gelernt hast: Dann bist zu Hause. Und dorthin zu kommen, ist deine Bestimmung.

VON DEN LEHRERN

Meine Mutter lehrte mich: »Folge nie jemandem. Wenn du jemandem folgst, dann siehst du nur seinen Rücken. Und er verstellt dir den Blick.« Deshalb sage ich dir: »Folge nicht einem Guru! Folge nicht einem Schamanen! Folge nicht mir!« Meine Mutter sagte: »Geh nicht hinter einem anderen, sondern geh an seiner Seite!« Die Menschen, die zu mir kommen, lade ich deshalb dazu ein, mich auf meinem Weg zu begleiten. Und ich begleite sie. So können wir uns stützen, wenn wir straucheln oder müde werden.

Wenn wir nebeneinander gehen, können wie einander ansehen. Wenn wir hintereinander gehen, bekommt derjenige, der hinter mir geht, all das von mir ab, was ich hinter mir lasse. Das ist nicht gut. Deshalb: Folge niemandem! Gehe mit jemandem! Geht euren Weg gemeinsam! Gemeinsam auf dem Weg zu sein, bedeutet immer auch, sich wechselseitig zu verändern. Du lernst von mir, ich lerne von dir. Jeder von uns wird sich ändern. Doch wir werden nie werden, was der andere schon ist. Wenn du mir folgst, wirst du deshalb nicht zum Eskimo. Ich kann dir von der Weisheit meines Volkes künden, aber du wirst dadurch nicht zum Eskimo. Dein Horizont wird sich weiten, doch deine Wurzeln bleiben dort, von wo du kommst.

Folgt niemandem, sondern geht nebeneinander und geht den Weg gemeinsam!

Und das ist gut so. Schönheit bedeutet Vielfalt. Eintönigkeit ist langweilig. Schönheit entsteht, wo jeder Einzelne gut verwurzelt ist, sodass er sich zur Blüte seines Lebens entfalten kann. Wenn du meinst, deine Wurzeln herausziehen und anderswo einpflanzen zu können, irrst du. Du wirst eingehen, nicht blühen. Wenn du blühen willst, gehe tief in deine Wurzeln. Und freue dich daran, wenn die anderen aus ihren Wurzeln leben. Mein Gebet ist, dass du deine Wurzeln lieben lernst. Dass du deinen Wurzeln treu bleibst. Und dass du mit der

Kraft deiner Wurzeln deinen Weg antrittst. Dann wirst du gute Begleiter finden – Begleiter, die dich wachsen lassen und dir helfen zu erblühen; Begleiter, die es wert sind, dass du sie stützt, wenn sie müde werden.

VON DER RELIGION

Jeder Mensch – ohne Ausnahme – braucht spirituellen Beistand. Sieben Milliarden Menschen. Jeder von ihnen braucht einen spirituellen Vater oder eine spirituelle Mutter, die ihm den Zugang zum *Geist* eröffnen. Die meisten Menschen haben das vergessen. Aber das ändert nichts daran, dass sie spirituelle Begleiter brauchen. Heute mehr denn je. Es spielt keine Rolle, welcher Religion Menschen angehören, was sie glauben. Es geht nicht um Religion, sondern es geht um den *Geist*. Das ist ein erheblicher Unterschied. Doch was haben wir daraus gemacht? Wir definieren uns über unsere Religionszugehörigkeit und blicken verächtlich herab auf diejenigen, die sich einer anderen Richtung zugehörig fühlen. Ist das nicht verrückt?

Lass mich dir eine Geschichte erzählen: Als mein Urahn, der große Schamane, starb, kam der lutherische Missionar an sein Sterbebett, um ihn wissen zu lassen, dass er nun bald in der Hölle schmoren werde. Mein Urgroßvater sagte: »Hoho, das ist gut. Dann können wir gemeinsam brennen.« – »Nein, nein«, erwiderte der Missionar, »mein Gott ist besser als deiner. Er wird mich zu sich rufen.« Da sagte mein Urgroßvater: »Hm, aber schau: Es gibt nur eine Sonne. Das bedeutet: Es gibt nur einen Schöpfer. Das bedeutet: Wenn du mir sagst, dass ich in der Hölle schmoren werde, dann wirst auch du in der Hölle schmoren.« Der Missionar wollte das nicht glauben. Er dachte, sein Gott sei besser als der dieses Schamanen. Aber mein Urgroßvater sagte: »Es gibt nur eine Sonne. Du kannst jetzt gehen.« Der Missionar verließ ihn und glaubte, er habe gewonnen. Aber so war es nicht. Denn es gab nichts zu gewinnen. Es gab nur zu begreifen: Es gibt nur einen Gott. Es gibt nur eine Schöpfung. Alles ist eins.

Der Missionar hat das nicht verstanden. Es war ihm zu einfach. Er hatte es lieber kompliziert. Denn er wollte überlegen sein, wichtiger, besser: *Mein* Gott. Welch ein Unsinn!

Wir haben die großen Lehrer der Religionen nicht verstanden. Wir haben Abraham und Moses nicht verstanden. Wir haben Zoroaster nicht verstanden, nicht Krishna, nicht Buddha, nicht Christus, nicht Muhammad, nicht Baha'u'llah. Die Menschen führen Kriege um ihrer willen, anstatt die einfachen und schönen Wahrheiten dieser weisen Menschen zu befolgen. Ihre Lehren rufen uns auf zu Gemeinschaft und Einheit. Aber statt sie zu beherzigen, spalten sich die Gläubigen in unterschiedliche Konfessionen. Christus müsste sich permanent im Grabe umdrehen, wenn er hört, dass es 1500 verschiedene christliche Kirchen gibt.

Über Religion soll man nicht streiten. Denn wenn wir über Religion streiten, kehren wir den Sinn der Religion in sein Gegenteil. Religion ist dafür da, die Welt zu vereinen. Aber wir missbrauchen sie für das Entgegengesetzte. Wir führen uns auf wie Halbwüchsige, die meinen, sich gegenüber anderen behaupten zu müssen. Wir starren auf die Unterschiede, anstatt uns die Mannigfaltigkeit in ihrer Schönheit zu Herzen gehen zu lassen. Anstatt zu begreifen: Ja, es gibt nur eine Schöpfung. Es gibt nur eine Welt. Und wir sind ihre Bewohner. Wir sollten besser gemeinsam für sie sorgen, anstatt uns in unfruchtbaren Streitigkeiten zu ergehen. Wir sollten in Eintracht und Liebe miteinander umgehen, so wie es sein soll.

VOM GESCHICHTENERZÄHLEN

Meine Großmutter Aanakasaa sagte: »Höre! Höre! Und dann höre noch mehr!« Damit wollte sie zum Ausdruck bringen, wie wichtig es ist, Geschichten zu hören. Egal welche. In dem Dorf, in dem ich aufwuchs, gab es kein Fernsehen. Es gab kein Radio oder Telefon. Es gab keine Zeitungen. Also mussten wir zuhören. Heute weiß ich, wie kostbar das ist. Denn ich habe gelernt, zuzuhören. Und nur weil ich gelernt habe, zuzuhören, kann ich heute selbst Geschichten erzählen. Denn die Geschichten meiner Kindheit haben sich tief in mir eingeprägt. Sie sind ein Teil meiner selbst geworden. Sie leben in mir weiter. Deshalb: Wenn du willst, dass Geschichten in dir lebendig sind: »Höre! Höre! Und dann höre noch mehr!«

Großmutter sagte uns wieder und wieder: »Alles, was du mit voller Seele tust, wird lebendig. Alles, was lebt, erneuert sich und kommt wieder. Schau auf die Blumen: Jedes Jahr kehren sie zurück. Alles, was du mit *Geist* tust, wird zur Blume – zur Blume, die von Jahr zu Jahr neu erblüht.« Und das meinte sie auch im Blick auf die Geschichten und Lieder. Wenn eine Geschichte oder ein Lied gut in dir verwurzelt sind, werden sie immer neu erblühen. Und ihre Früchte werden der Keim zu neuen Geschichten und Liedern sein. Auf diese Weise gehen die Geschichten nie zu Ende. Nur, wenn sie ihre Wurzeln verlieren, dann sterben sie.

Die Geschichten, die die Alten einander erzählten, sind nicht nur die ernsten Lehren vom Menschsein. Es geht bei ihnen immer auch um Vergnügen, Freude und Lachen. Denn der Mensch will nicht immer nur schwere Kost. Wir wollen auch in unseren Gefühlen angesprochen werden. Wir wollen im Herzen berührt werden. Deshalb hören wir gerne Liebesgeschichten, Geschichten voller Leidenschaft und Emotionen. Denn das alles ist in uns. In jeder einzelnen Person. Auch in dir.

Geschichten – wirklich gute Geschichten – berühren dich in der Tiefe. Mit dem Verstand kannst du sie nicht erkennen. Du kannst sie nur mit deinem *Geist* verstehen. Ein Beispiel: die Geschichte von Jona, den ein Wal verschluckte. Für den Verstand ist es völlig unmöglich, dass ein Wal einen Menschen verschluckt und dieser später unversehrt aus dem Bauch des Wales herausspaziert. Aber mit deinem *Geist* kannst du die tiefe spirituelle Bedeutung dieser Geschichte erspüren: dass sie davon erzählt, wie tief ein Mensch in sich selbst gehen kann. Und welche Kraft er an die Oberfläche mitbringen wird, wenn er die eigenen Untiefen ausgelotet hat. Wenn du eine solche Geschichte wirklich hörst und verinnerlichst, dann wird sie lebendig in dir. Dann wird sie dich auf deiner inneren Reise begleiten.

Die alten Geschichtenerzähler wussten um die Bedeutung der Geschichten. Sie lebten mit ihren Geschichten, und die Geschichten lebten in ihnen. Eine unglaubliche Lebendigkeit umgab sie. Deshalb liebten die Eingeborenen das Geschichtenerzählen. Deshalb erzählten sie ihre alten Geschichten wieder und wieder und wieder. Meine Großmutter sagte: »Erzähl die Geschichten tausendmal! Dann werden sie in dir leben!« Denn nur wenn du die Geschichten wieder und wieder erzählst, wirst du ihre Bedeutung wirklich ergründen.

Es ist eine Tragödie, dass unter dem Einfluss des Westens die Tradition des Geschichtenerzählens in der Eskimowelt verloren gegangen ist – beinahe. Denn heute kommen die alten Geschichten allmählich zurück. Bei uns, aber auch bei euch. Und das ist gut so. Wir brauchen die Geschichten. Und wir brauchen das Vermögen zuzuhören. Wir müssen wieder lernen, mit dem Herzen zu hören. Ich weiß, dass das nicht leicht ist. Denn in der modernen Welt werden wir zugeschmissen mit Geschichten. Ständig wird uns etwas Neues erzählt. Im Internet jagen Millionen von Geschichten jeden Tag durch den virtuellen Raum. Wie willst du ihnen zuhören? Es ist unmöglich. Also werden diese Geschichten dich nie in der Tiefe berühren. Sie werden nicht zu einem Teil deiner selbst. Du hörst sie – und hast sie im nächsten Augenblick vergessen. Das kann nicht anders sein. Deshalb: Nimm dir Zeit für Geschichten, die dich berühren.

Nimm dir Zeit für Geschichten und erzähle sie wieder und wieder – denn nur so werden sie in dir lebendig sein.

Erzähle sie wieder und wieder. Atme sie ein. So, wie du den Duft einer Rose einatmest. So, wie du den Duft des Schnees riechst. Nur so werden sie in dir lebendig sein.

Auch das, was ich dir sage, wird nur dann lebendig in dir werden, wenn du meine Worte auf diese Weise hörst. Nimm dir Zeit! Höre zu! Rieche die Worte! Atme sie ein!

VON DER STILLE

Wenn du hinaus in die Natur gehst, hörst du die Stille. Die Stille ist so laut. Und trotzdem hörst du sie so selten. Wenn du ihr zuhörst, zieht sie sich zurück. Und dann hörst du nur das Klopfen deines Herzens, das sagt: »Ich liebe dich!«

Ist das nicht erstaunlich? Warum hören wir die Stille so selten? Warum tun wir alles Erdenkliche, um die Stille nicht hören zu müssen? Als ob die Stille etwas wäre, was wir fürchten müssen!

Suche die Stille! Suche die Einsamkeit! Und dann: Finde heraus, wie du reden kannst! Finde heraus, wie du beten kannst: still oder laut, mit dem Lied deines Herzens oder einem Gesang deines Mundes. Nimm dir Zeit! Es braucht nur einige Minuten der Stille. In der Stille liegt alles bereit.

VON DEN LIEDERN

Es gibt viele verschiedene Arten zu beten. Mein Vater sagte: »Dein Körper braucht ein Gebet. Dieses Gebet heißt Nahrung. Wenn du dieses Gebet für deinen Körper verrichtest, wird er stark und schön. Ebenso gibt es ein Gebet für deine Seele. Deine Seele betet, wenn du mit dem Schöpfer redest. Das ist Nahrung für die Seele. Sie wird stark und schön, sooft du mit deinem Schöpfer redest.«

Doch das ist nicht alles. Du bist nicht nur Seele und Körper, du bist auch *Geist*. Wenn dein *Geist* betet, dann tut er das in den schönsten Tönen und Melodien, die er finden kann. Dann singt er ein Lied! Das Lied ist Nahrung für den *Geist*. Das Gebet des *Geistes* ist ein Lied. Deshalb hebt es deinen *Geist*, wenn du singst. Und wenn dein *Geist* sich hebt, dann lächelst du. Je mehr du lächelst, desto besser geht es dir. Du vergisst die Härten des Lebens. So haben es meine Vorfahren jahrtausendelang gehalten. Wie sonst hätten sie unter den extremen Bedingungen des Nordens überleben können? Sie konnten überleben, weil sie Zeremonien und Feste hatten – und weil sie Lieder hatten. Es gibt kein besseres Mittel gegen die Härten des Lebens, als zu singen.

Aber nicht nur das: Je mehr du singst, desto mehr wirst du ganz. Du wirst zu einem ganzen Menschen, einer ganzen Person. Du stärkst deinen Körper, du stärkst deine Seele. Und du stärkst deinen *Geist*, wenn immer du mit dem Herzen deinem Schöpfer ein Lied singst. So findest du ins Gleichgewicht. Und wenn du im Gleichgewicht bist, wirst du selbst zu Gebet – ein Mensch, der in Schönheit und Kraft vor seinem Schöpfer wandelt.

Deswegen singen die Menschen. Sie singen, um ihren Schöpfer zu ehren – auch wenn sie sich dessen vielleicht gar nicht bewusst sind. Sie singen, um ihrer Dankbarkeit Ausdruck zu verleihen. Das ist etwas ganz Natürliches – so natürlich, dass niemand darüber nachdenkt. Man singt eben. Man braucht dafür keinen besonderen Ort. Der Ort zum Singen ist das Leben. Überall. Zum Beispiel im Bus: Wenn du in Grönland mit dem Bus fährst, wirst du bemerken, dass viele Leute vor sich hin singen oder summen. Ich weiß nicht, ob sie sich überhaupt dessen bewusst sind, dass sie singen. Aber sie tun es. Und jeder akzeptiert es. Oft singen die Leute sogar mit. Jeder Grönländer singt gern, und die meisten Lieder sind wohlbekannt. Es kann dir passieren, dass du in einen Bus steigst, in dem alle Fahrgäste ein Liedchen schmettern.

Oft spielt es auch gar keine Rolle, was du singst. Du singst, um deinem *Geist* Ausdruck zu verleihen. Das genügt – meistens. Denn es gibt auch Situationen, in denen es wichtig ist, welches Lied du anstimmst. Etwa bei Zeremonien. Aber noch wichtiger ist, dass du mit dem Herzen singst. Dass das Lied aus deinem *Geist* aufsteigt.

Mein Vater hatte ständig eine Melodie auf den Lippen. Ich sehe ihn noch in seinem Lieblingssessel sitzen und vor sich hin summen. Das war ein Gebet. Ich wünsche mir, eines Tages genauso leben zu können – in dieser ständigen Gegenwärtigkeit des Schöpfers.

Es gibt so viele Arten von Liedern, wie es Arten des Atems gibt. Für jede Verfassung deines *Geistes* gibt es besondere Lieder. Diese Lieder sind sehr alt. Die Lieder, die wir bei unseren Zeremonien singen, sind so alt, dass niemand zu sagen weiß, wann sie entstanden sind und von wem sie stammen. Ich kenne nur zwei Lieder, deren Urheber bekannt ist. Und auch sie sind sehr alt. Ich habe sie von meiner Großmutter gelernt. Sie hatte sie von ihrer Großmutter, ihre Großmutter von ihrer Großmutter und so weiter. Mindestens sechs Generationen von Großmüttern haben diese Lieder gesungen. Eines dieser Lieder handelt von der Heimkunft der Frauen im traditionellen Boot. Die Sängerin erzählt darin, dass sie durch die Welt gereist ist und sich nun auf ihre Heimat freut. Es ist ein schönes Lied mit einem schönen Text. Aber es ist sehr viel mehr: Es ist eine Geschichte – eine uralte, zeitlose Geschichte, die sich nicht in den Worten und Tönen erschöpft. Du musst wissen: Lieder sind nicht einfach nur schöne Gedichte oder Melodien. Lieder sind das Leben selbst.

Lieder sind Nahrung für den Geist, *Lieder sind das Leben selbst.*

VOM KREIS

Wenn wir eine Zeremonie feiern, begegnen wir uns auf Augenhöhe. Wir stehen im Kreis. In einem Kreis gibt es keinen Chef. Es gibt keinen Vorsitzenden. Alle sind gleich. Im Kreis schauen wir mit anderen Augen aufeinander. Wir sehen die Schönheit derer, die mit uns sind. Wir spüren die unsichtbaren Fäden, die uns verbinden. Die Schönheit des Kreises ist, dass wir im Kreis nicht die Rücken voneinander sehen können. Und die Kraft des Kreises ist, dass wir voneinander nur unsere Schönheit zu sehen bekommen.

In einem Kreis ist niemand allein. In einem Kreis bleibt niemand zurück. Der Kreis ist eine Zeremonie in sich. Im Kreis wirst du respektiert, geliebt, geachtet. Der Kreis hebt deinen *Geist*. Du spürst: Ich bin, der ich bin. Du spürst: Ich bin angenommen. Ich gehöre dazu.

Im Kreis siehst du nicht den Rücken der anderen. Das bedeutet: Du kannst niemandem in den Rücken fallen. Du kannst niemanden hinterrücks niedermachen. Ebenso kann niemand dich hinterrücks niedermachen. Und niemand kann hinter deinem Rücken von dir reden. Niemand kann dir in den Rücken fallen. Stattdessen begegnen sich alle von Angesicht zu Angesicht. Stattdessen sehen alle die Schönheit in den Augen der anderen. Stattdessen begreifst du, dass du – wie alle anderen auch – ein Teil im großen Kreis des Schöpfers bist.

Die ganze Welt ist ein Kreis. Sie hat keinen Anfang und kein Ende. Die ganze Menschheit ist ein Kreis. Und genau das müssen wir begreifen. Wenn wir es begreifen, werden wir nicht mehr einander in den Rücken fallen – werden wir nicht mehr hinter dem Rücken anderer agieren – werden wir uns nicht mehr hinterrücks übervorteilen.

VOM RAUCH UND VOM RÄUCHERN

Meine Großmutter Aanakasaa hat uns vieles gelehrt. Doch eines war ihr ganz besonders wichtig: das Räuchern. Sie sagte: »Von allem, was wir Menschen erschaffen, ist der Rauch das einzige, das sich vor unseren Augen auflöst. Deshalb«, sagte sie, »laden wir den Rauch zu uns ein. Denn der Rauch wird alles, was nicht zu uns gehört, hinwegheben.« Es löst sich mit dem Rauch auf. Es löst sich in Rauch auf.

Wenn wir beim Gebet räuchern, dann bitten wir Gott darum, er möge alles Schlechte und alle Verwirrung von uns nehmen: dass sich all das vor unseren Augen auflöse wie der Rauch. Von Übeln und Verwirrung haben wir reichlich. Wie viele negative Gedanken tragen wir in uns, wie viele Taten, auf die wir nicht stolz sein können und die uns belasten. Der Rauch wird all das von uns nehmen. Und wie viele negative Gefühle bewegen unser Herz! Der Rauch nimmt sie von uns.

Genauso ist es mit unserem Blick in die Welt. Wie oft sehen wir nicht die Schönheit der Dinge! Wie oft sehen wir an ihnen nur ihre Nützlichkeit oder Brauchbarkeit. All das hebt der Rauch von uns. Er reinigt deine Augen und lässt dich klar sehen.

Ebenso reinigt er den Mund. Wie viele schlechte Dinge habe ich gesagt, wie viel Unsinn habe ich von mir gegeben, wie oft habe ich andere gekränkt! Ja, wie oft habe ich den Schöpfer gebeten, er möge all das ungeschehen machen – damit ich noch einmal von vorne beginnen kann und mich nicht meiner Worte und Taten schämen muss! Vergebens. Was geschehen ist, ist geschehen. Doch Er hat mir den Rauch gegeben, sodass es mich nicht mehr belasten muss. Die Menschen meines Volkes waschen deshalb ihre Hände im Rauch. Sie wissen: Wenn sie das nächste Mal einen Menschen berühren, werden sie es auf eine gute Weise tun, unbelastet von der Vergangenheit.

Es spielt keine große Rolle, womit der Rauch erzeugt wird. Wir verwenden meistens Süßgras, Zeder, Weißen Salbei oder Tabak: die *Medizin* der Erde. Bei uns wächst kein Tabak. Aber wir brauchen ihn trotzdem. Denn Tabak ist eine starke Medizin. Nicht, indem du ihn rauchst, sondern indem du ihn richtig verwendest. Etwa, indem du die Blätter in deinen Händen zerreibst. Denn der Saft des Tabaks stärkt dir das Herz. Ein klein wenig genügt. Wenn du jedoch den Tabak rauchst, bringt er dich um.

Aber du kannst genauso gut andere Pflanzen verwenden, wenn sie sich gut räuchern lassen. Es geht ja nicht darum, den Rauch zu inhalieren, sondern dich mit ihm zu reinigen: deine Hände zu waschen, damit du die Menschen, die du berührst, auf gute Weise berührst. Deshalb reinigst du mit dem Rauch deine Augen, damit du – wenn der Rauch sich gehoben hat – die Schönheit des Lebens in allem sehen kannst. Deshalb reinigst du mit dem Rauch deine Ohren, damit du – wenn der Rauch sich gehoben hat – all das Schöne hörst, das dich umhüllt. Deshalb reinigst du mit dem Rauch deinen Mund, damit du – wenn der Rauch sich verflüchtigt hat – nur noch gute Worte aussprichst. Deshalb wäschst du mit dem Rauch dein Gesicht, damit du – nachdem der Rauch gegangen ist – nur noch die Schönheit derer spürst, die dich berühren. Deshalb nimmst du den Rauch an dein Herz, damit du – wenn der Rauch verflogen ist – stark bist, gut, liebevoll und kraftvoll.

Der Rauch dient aber nicht nur zur Reinigung. Wir räuchern auch zur spirituellen Vorbereitung. Du kannst räuchern, um dich zu erden, um die Atmosphäre vor oder nach einer Heilung, Initiation oder Zeremonie zu beruhigen und um heilige Gegenstände vor ihrer Verwendung zu reinigen. Du kannst räuchern, um deinen Dank auszudrücken. Denn der Rauch wirkt unterstützend für deine Absichten und Gebete. Die Handlungen beim Räuchern dienen alle dazu, deine Gedanken zu beruhigen und deine Absicht auf die Zeremonie zu fokussieren. Dabei vereinnahmt der Duft deinen Geruchssinn und vertieft deine bewusste Erfahrung, indem er die verschiedensten Ebenen und Verbindungen in dir anregt. So ermöglicht er in dir die Entfaltung einer umfassenden Erfahrung.

Durch das Räuchern verbinden wir uns mit einer spirituellen Tradition, die uns von unzählbar vielen Generationen heruntergereicht wurde, die so weit zurückgeht, dass niemand mehr die Zeit der Entstehung erfassen kann. Das Räuchern ist eine Zeremonie, die alle indigenen Völker des Nordens bei jeder sich bietenden Gelegenheit verrichten – seit über zwölftausend Jahren. Es ist aber auch in zahlreichen anderen Kulturen und Religionen der Welt beheimatet: bei Zeremonien und Versammlungen, aber genauso mitten im täglichen Leben. In meiner Heimat wirst du immer jemanden finden, der gerade räuchert. Dann kannst du dazutreten und mitmachen. Es ist keine große Sache. Du tust es einfach. Und dann setzt du deinen Weg fort – froh, dass du es getan hast. Denn du fühlst dich sauber und frei. Du weißt, dass du klaren Blicks die Schönheit des Lebens sehen kannst. Du weißt, dass du offenen Ohres nur das Schöne hören wirst, das dir gesagt wird. Und du weißt, dass du nur Gutes von den Menschen sagen wirst. Der Rauch erlaubt es dir, die Menschen so zu sehen, wie sie wirklich sind. Und er erlaubt es dir, dich selbst so zu sehen, wie du wirklich bist: in deiner Schönheit und deiner Kraft. Nun kannst du aufrecht und kraftvoll und in Schönheit deinen Weg gehen.

Räuchern ist eine kraftvolle Reinigung, die dich die Schönheit des Lebens sehen lässt.

Das Räuchern ermöglicht dir, durch Ehrung der Pflanzen und ihrer Heilqualitäten Weisheit zu erlangen. Es ist eine Weise der kraftvollen Reinigung, die den *Geist* der Pflanze aufruft, um das Gleichgewicht in dir und zwischen den Menschen wiederherzustellen und dasjenige zu entfernen, was nicht Teil von dir ist. Du kannst diese einfache Zeremonie jederzeit feiern, auch ganz allein – einfach, um mit dir und deiner Umgebung in Harmonie zu sein. So wird dir jeder Raum zu einem heiligen Ort, in dem du leben und arbeiten kannst: ein Ort der Ruhe, der Erneuerung, der Regenerierung.

VON DER FRIEDENSPFEIFE

Eine unserer wichtigsten Zeremonien ist die Friedenspfeife*. Weil wir diese Zeremonie haben, hat es in meiner Heimat nie einen Krieg gegeben. Warum? Weil wir bei dieser Zeremonie im Kreis sitzen. Wir sehen einander an und begreifen, dass wir keine Angst voreinander haben müssen. Weil wir gleich sind.

Das ist so, auch wenn es eine Person gibt, die die Zeremonie leitet. Diese Person wird dich mit der Pfeife an der rechten Schulter berühren: eine Stelle, die fern von deinem Herzen ist; eine Stelle, auf der du deine Sorgen und Ängste trägst. Dann aber führt er die Pfeife den ganzen weiten Weg herum zum Zentrum deines Herzens. Und er wird dich anhauchen mit dem Atem des Lebens – dem Atem des Lebens, von dem alle großen Weisheitslehrer, Propheten und Religionsstifter gesprochen haben.

So wird der Leiter der Zeremonie es bei jedem der Anwesenden tun. Er wird jeden Einzelnen anhauchen, um so den Frieden in den Herzen lebendig werden zu lassen.

Das ist die ganze Idee der Zeremonie: Der Frieden soll im Herzen eines jeden Einzelnen beginnen. Der Frieden beginnt nicht in den Palästen der Mächtigen. Der Frieden beginnt im Herzen eines jeden Menschen. Nur dort. Denn wenn du den Frieden in dir selbst spürst – wirklich spürst –, wirst du zum Friedensbringer: in deiner Familie, in deiner Gesellschaft, in der Welt. Der Frieden setzt sich fort wie die Wellen auf einem stillen Teich, in den du einen Stein wirfst. Die Zeremonie der Friedenspfeife ist so ein Stein. Sie wirkt sich aus auf alles.

---

* *Angaangaq spricht von »Pipe for Peace« und nicht von Peace Pipe. Um der eingängigeren Sprache willen habe ich mich dennoch dafür entschieden, »Pipe for Peace« nicht mit »Pfeife für den Frieden«, sondern mit dem geläufigen Wort »Friedenspfeife« wiederzugeben (Anm.d.Hrsg.).*

Der Weltfrieden beginnt, und die Welt hebt an, sich zu verändern. Die Pfeife ist das Werkzeug dazu.

Bei der Zeremonie wirst du aber nicht nur mit der Pfeife berührt. Das ist das erste. Danach aber wird die Pfeife geraucht. Jeder zieht einmal an ihr und gibt sie dann weiter. Du weißt: Der Rauch reinigt die Augen. Der Rauch erlaubt es dir, die Schönheit der anderen zu sehen. So lösen sich Streitigkeiten in Rauch auf.

Die Pfeife selbst hat einen männlichen und einen weiblichen Aspekt. In den Kopf der Pfeife ist ein Loch gebohrt. Dort hinein wird der Hals der Pfeife gesteckt. Es ist ein Geschlechtsakt. Das Männliche und das Weibliche sind in der Pfeife verbunden – damit Neues aus ihr geboren werden kann. Das Männliche ist weit vom Herzen entfernt. Das Weibliche ist dem Herzen verbunden. Wenn beide auf eine gute Weise miteinander vereint werden, kann Frieden zwischen den Menschen entstehen. Alles beginnt mit der Verbindung von Mann und Frau. Deshalb beten wir bei der Zeremonie der Friedenspfeife dafür, dass ihre Verbindung eine gute Verbindung sei – und dass sie im Herzen Frucht trage.

Du kannst die Zeremonie der Friedenspfeife mit jedem durchführen. Nicht nur mit solchen, mit denen du einen Konflikt hast. Du kannst sie in einem Kreis abhalten, um die Gemeinschaft zu feiern.

VOM ATEM DES LEBENS

Immer, wenn ich ein Gebet oder einen Gesang beende, hauche ich den Atem aus. Das ist der Atem des Lebens, den ich gebe, damit das Gebet oder der Gesang lebendig sei. Wir wissen nicht, wohin unsere Gebete gehen. Aber wenn du ihnen den Atem des Lebens einhauchst, werden sie lebendig sein, und die Engel werden sie aufgreifen. Dann werden sie deine Gebete genau dort regnen lassen, wo sie hingehören. Dann werden deine Gebete lebendig sein – in den Herzen der Menschen.

Genauso ist es mit dem Kuss. Wenn ein Schamane mit dir arbeitet und dir einen Kuss gibt, dann tut er dies, damit lebendig sei, was er dir gegeben hat. Die Alten wussten darum. Nicht nur in meiner Heimat. Überall sonst auch. Fast alle Religionen kennen die Bedeutung des Atems des Lebens: eine ganz einfache Geste, ein Atemhauch. Mehr bedarf es nicht.

VON DER SCHWITZHÜTTE

Die Ältesten sagten: »Mensch oder Tier – Sauberkeit ist notwendig zum Leben. Du musst deinen Körper sauber halten.« Aber im Norden ist das leichter gesagt als getan. Wie willst du dich waschen, wenn es minus 50 Grad ist? Also fragte ich sie, was ich tun soll. Da antworteten sie: »Hast du die Tiere gesehen? Dauernd baden sie.« Ich fragte: »Wie? Das verstehe ich nicht.« Sie sagten: »Hast du die Tiere gesehen? Hast du sie beobachtet? Sie lecken sich, um sich sauber zu halten.« Denn der sauberste Bereich unseres Körpers ist unser Mund. Wir Menschen aber können uns nicht am ganzen Körper lecken. Dafür sind wir nicht gelenkig genug. Dafür können wir jedoch etwas anderes: Wir können eine Zeremonie feiern. Wir können unseren Körper und unseren *Geist* gleichzeitig reinigen. Und deshalb gibt es die Schwitzhütten-Zeremonie.

In Grönland haben wir fest installierte Schwitzhütten. Wenn keine Schwitzhütte da ist, graben wir ein Loch und bauen darum aus Fellen und Decken eine Hütte. In der Hütte herrscht Nacht. Es ist stockdunkel. Dann graben wir ein Loch vor der Hütte. Dort entzünden wir ein Feuer. In dem Feuer erhitzen wir Steine. Wenn sie rot glühen, trägt sie der Hüter des Feuers mit einer Gabel in die Hütte. Er schiebt sie in das Loch. Dann werden sie mit Wasser übergossen. Heißer Dampf breitet sich aus. Er reinigt deine Haut. Er reinigt deinen Körper. Doch das ist nicht alles. Du sitzt in der Schwitzhütte nicht einfach so. Du sitzt dort im Gebet. Du sitzt dort und redest mit dem Schöpfer. So reinigst du deinen *Geist*. In der Schwitzhütte reinigst du *Geist* und Körper gleichermaßen. Das ist der Sinn der Schwitzhütte.

Die Schwitzhütte ist etwas ganz Besonderes. Du trägst Steine hinein. Es gibt unendlich viele Steine auf der Erde. Manche kommen vom Großen Himmel, aber die meisten kommen aus dem Inneren von

Mutter Erde. Davon handelt die Weisheit der Alten. Sie sagen: »Wenn ein Mensch stirbt, werden winzige Tiere seinen Körper fressen. Und diese winzigen Tiere werden von großen Tieren gefressen. Aber auch die großen Tiere werden sterben. Dann werden sie zur Nahrung für die Pflanzen. Und wenn die Pflanzen sterben, werden sie zur Nahrung für die Welt der Mineralien.« Deshalb wohnt in den Steinen der *Geist* deiner Vorfahren. Wenn du also einen Stein findest, ihn im Feuer erhitzt und mit Wasser übergießt, wird der *Geist* der Ahnen lebendig. Er kehrt bei dir ein. Er richtet dich auf. Deshalb wirst du, nachdem du dich körperlich und geistig gereinigt hast, die Schwitzhütte aufrechten Ganges verlassen. Du wirst aufrecht und kraftvoll gehen – so wie es deiner Bestimmung entspricht, jetzt und allezeit.

Du kannst dir denken, dass es große Sorgfalt erfordert, die richtigen Steine zu finden. Du wanderst durch das weite Land. Du wanderst und betest, einen guten Stein zu finden. Du wirst ihn finden. Du wirst ihn feierlich auflesen. Und du wirst ihn zur Schwitzhütte bringen. Bringst du ihn dorthin, dann wird aus dem Stein ein Großvater – nicht *dein* Großvater, sondern ein *Geist*, der vor dir hier auf Erden lebte. Du ehrst ihn, indem du ein schönes und prächtiges Feuer entzündest. Ein Feuer, das die Kraft hat, den Großvater glühen zu lassen. Dann bringst du ihn hinein. Und die Zeremonie beginnt. Alle, die in der Schwitzhütte versammelt sind, begrüßen ihn: »Willkommen daheim, Großvater!« Und dann gibst du ihm zu trinken und sein *Geist* wird die Hütte erfüllen.

Jeder Stein hat einen eigenen Namen. Am wichtigsten sind die ersten sieben. Sie bilden den Grund für alle anderen. Der erste Stein ist »der Geschmolzene«. Er kommt aus dem Herzen der Erde. Deswegen steht er auch für die Erde, den Boden, der uns alle trägt. Der zweite kommt aus dem Osten – von dort, wo sich die Sonne erhebt und wo alles begann. Der dritte kommt aus dem Süden, wo die Sonne am höchsten steht. Der vierte weist nach Westen, wo die Sonne untergeht. Der fünfte ist der Stein des Nordens und der Nacht: Geburt, Jugend, Reife, Alter. Dann kommt der sechste Stein. Er steht für deine leibliche Seite. Der siebte Stein ist der Stein für den *Geist*. Diese sieben bilden das Fundament der Schwitzhütte. Ohne sie kannst du die Zeremonie nicht verrichten.

In der Schwitzhütte sitzt du auf dem Boden – im Kreis mit anderen. Manchmal sind die Männer unter sich, manchmal sind die Frauen unter sich, manchmal sind Männer und Frauen zusammen. Sie ist ein intimer Ort. Trotzdem kannst du sie mit jedem teilen. Wenn ich durch Grönland reise, gehe ich unterwegs immer in die Schwitzhütte und feiere mit den Menschen die Zeremonie. Ich muss sie nicht näher kennen. In der Dunkelheit sind sich alle gleich.

Die Schwitzhütte ist die Gebärmutter von Mutter Erde. Dort kannst du ganz der sein, der du bist. Ich bin dort nicht der Schamane, dort bin ich … ich – nackt, schuldlos, ohnmächtig. Ich kehre zurück in die Heimat. Und wenn ich am Ende die Hütte verlasse, bin ich neu geboren. Ich gehe aufrecht und kraftvoll – so wie der Schöpfer mich erschaffen hat.

Die Zeremonie kann stundenlang dauern. Wenn sie beginnt, lenkt derjenige, der die Zeremonie leitet, den *Geist* der Versammelten zuerst nach Osten: dorthin, von wo das Licht kommt und wo das Leben beginnt. Du wendest dich nach Osten und lenkst deinen *Geist* zu den Jungen. Du gedenkst der Kinder, der Neugeborenen und derer, die erst geboren werden. Du gedenkst ihrer und ehrst sie, indem du für sie betest. Du betest für sie und ihre Eltern – für die leiblichen Eltern ebenso wie für die spirituellen Eltern. Dann wendest du dich nach Süden, gen Mittag, und gedenkst der Heranwachsenden – ihrer Lebendigkeit, ihrer Spiele und Tänze, ihrer Sorglosigkeit, da doch die Sonne im Zenit steht und alles leicht und hell ist. Du ehrst sie und betest für sie. Im Westen bist du bei dir selbst: bei deiner Familie, deiner Frau, deinem Mann, deiner Verantwortung und deinem Beruf. Im Norden zuletzt gedenkst du der Alten. Du ehrst sie und betest für sie: dass sie gut gehen können, wenn die Zeit gekommen ist. Und dass sie Ohren finden, die ihre Geschichten hören.

Aller Lebensalter gedenkst du. Und dann sprichst du über die Menschen deiner Welt: die schwangeren Mütter, die Neugeborenen, die Kinder, die Jungen und Mädchen, die Erwachsenen und die Alten. Du erzählst von denen, die du kennst, und ebenso tun es die anderen Anwesenden. Manchmal vergehen Stunden darüber.

In der Schwitzhütte gedenkst du nicht allein der Menschen deiner Welt, sondern aller Menschen. Die Menschen bilden einen einzigen Kreis. Er hat keinen Anfang und kein Ende. Er folgt dem Lauf der Sonne vom morgendlichen Osten, wo die gelben Menschen wohnen, über den Süden, wo die weißen Menschen leben, und den Westen, wo die roten Menschen wohnen, bis zur Nacht, in der die Schwarzen zu Hause sind. In diesen Kreis gehörst auch du. Du bist nicht allein. Auch in der Schwitzhütte bist du nicht allein. Die ganze Menschheit ist gegenwärtig.

Du sitzt mit anderen im Kreis. Alle Lebensalter sind gegenwärtig. Ja, der ganze Kosmos ist in der Schwitzhütte zugegen: Wir gedenken nicht nur der Menschen, sondern auch der Jahreszeiten: des Frühlings im Osten, des Sommers im Süden, des Herbstes im Westen und des Winters im Norden. Auch du hast deine Jahreszeiten: deinen Frühling, deinen Sommer, deinen Herbst, deinen Winter. Du sprichst von den Jahreszeiten deines Lebens, und alle hören zu. Du hast deine Zeit des Wachstums, deine Zeit der Blüte, deine Zeit der Ernte und deine Zeit des Ausruhens.

Von alledem redest du in der Schwitzhütte. Du redest nicht zu den anderen. Die anderen kommentieren auch nicht, was du sagst. Sie ehren dich durch ihre Stille. Sie schweigen, während du zum Schöpfer sprichst. Die Alten sagen: »Der Schöpfer ist so groß, dass du ihm alles sagen kannst.« Du sprichst zu deinem Schöpfer in der Gegenwart der anderen. Du siehst sie nicht, aber du fühlst sie. Sie sehen dich nicht, wenn du errötest. Sie sehen deine Tränen nicht, wenn du vor deinem Schöpfer weinst. Doch sie fühlen deinen Kummer. Sie fühlen deine Scham. Du kannst frei reden, allein

In der Schwitzhütte kannst du reden, weinen, lachen und in Stille sein im Gespräch mit deinem Schöpfer.

und doch getragen. Du kannst schweigen, allein und doch getragen. Die Schwitzhütte ist ein intimer Ort – ein Ort für das intime Gespräch mit dem Schöpfer, ein Ort der Kontemplation, ein Ort der Stille. Sie ist aber genauso ein Ort des Lachens. In der Schwitzhütte kannst du albern sein. Du hörst dort die verrücktesten Geschichten. Manchmal lachst du dich kaputt, manchmal weinst du still vor dich hin.

Wenn ich über die Schwitzhütten-Zeremonie nachdenke, bin ich zutiefst berührt von dem Wissen und der Weisheit der Alten, die uns dieses Geschenk überbracht haben. Ich frage mich: Wie konnten sie all das nur wissen? Ich glaube, sie haben schlicht die Schönheit gespürt. Die Schönheit ist der Ausdruck der Weisheit. Auch du kannst sie spüren.

VOM SONNENAUFGANG

Die Großmütter sagen: »Wenn die Sonne untergeht, senkt Dunkelheit sich auf uns herab – eine Dunkelheit, in der wir unsere Schönheit nicht mehr sehen können.« Doch es ist, wie die Alten sagen, für uns wichtig, unsere Schönheit sehen zu können. Deshalb entzünden wir ein Feuer, wenn die Sonne sinkt und die Nacht unser Leben in Dunkel hüllt. Deshalb entzünden wir ein Feuer, wenn Dunkelheit unsere Schönheit verbirgt. Wir entzünden ein physisches Feuer, damit wir uns auch in der Nacht in unserer Schönheit sehen können – bis der Morgen anbricht und das Licht zurückkehrt. Im Morgengrauen erlischt das physische Feuer und der kommende Sonnenglanz überstrahlt es. Der Wechsel von physischem Feuer und Sonnenlicht erlaubt es uns, jederzeit unsere Schönheit wahrzunehmen.

Wenn du nachts ein Feuer entfachst, wird seine Glut deinen Körper wärmen. So kommen wir durch die Nacht. Wenn das Feuer im Morgengrauen erlischt, wird es nicht lange dauern, dass uns die Wärme der Sonne berührt. All das geschieht, damit wir jederzeit unsere Schönheit wahrnehmen können.

Die tiefe Bedeutung des Sonnenaufgangs erschloss sich mir durch eine Begebenheit im Jahr 1963. Mein Vater arbeitete damals für die Regierung in Nuuk. Er war gut informiert und wusste immer genau, wer in der Stadt ein und aus geht. Eines Tages sagte er uns, ein Ältester sei von weit her gekommen. Und er forderte uns alle auf, ihm unsere Hilfe anzubieten und ihm in jeder Hinsicht zur Seite zu stehen. Ich weiß nicht, warum, aber an diesem Abend spazierte ich durch die Straßen von Nuuk und begegnete dort diesem Ältesten. Er hatte einen Gehstock bei sich. Ich ging zu ihm und sagte ihm, mein Vater habe mich gebeten, ihn zu fragen, ob ich ihm etwas Gutes tun könnte. Er nickte und bat mich, ihn zum Postamt zu begleiten. Die Post war nur wenige Meter entfernt. Ich half ihm die Treppe hinauf und wir gingen hinein. Im Büro war eine Frau, die nicht aus Grönland kam und deshalb auch kein Grönländisch konnte. Der alte Mann bat mich deshalb, die Frau zu fragen, ob Briefe für ihn angekommen seien. Sie schaute nach und fand tatsächlich einen Brief für ihn. Sie gab mir den Brief – und ich reichte ihn weiter. Der Mann aber gab ihn mir zurück und bat mich, ihn zu öffnen. Das tat ich. Und als ich den Brief geöffnet hatte, sagte er: »Würde es dir was ausmachen, mir den Brief vorzulesen?«

Natürlich machte es mir nichts aus, und so stand ich da im Postamt von Nuuk und las einem Ältesten, den ich nicht kannte, einen sehr persönlichen Brief vor. Ich erinnere mich sehr gut an diese Zeilen. Eine wundervolle Handschrift hatte sie verfasst – und ein wundervoller, poetischer Text sprach aus ihr. Der Brief stammte von seiner Frau. Sie schrieb ihm: »Deine Söhne vermissen den Klang deiner Stimme und deine Präsenz in unserem Leben.« Und am Ende fügte die Schreiberin hinzu: »Auch ich vermisse dich.« Es war wunderschön. Zuletzt endete der Brief mit den Worten »Ich freue mich, dich gesund wieder zu Hause zu sehen«. Als ich fertiggelesen hatte, faltete ich den Brief zusammen, steckte ihn in den Umschlag und gab ihn dem Ältesten zurück. Er bedankte sich und griff in seine Hosentasche, aus der er eine 5-Kronen-Münze fischte. Es war eine besondere Münze, die vom dänischen König anlässlich einer Expedition geprägt worden war, die das Leben in Ostgrönland erforschen sollten.

Diese Münze gab er mir. Dann stand er einen Augenblick still und sagte: »Weißt du: Ich komme aus dem Land, in dem Menschen morgens als Erstes die Sonne aufgehen sehen.« Und er sagte: »Wenn die Sonne aufgeht, dann kommt sie mit Gebrüll. Wenn du dort stehst und den Sonnenaufgang beobachtest, dann fühlst du dich ganz klein in der unermesslichen Schöpfung. Deshalb: singen wir bei der Zeremonie des Sonnenaufgangs einen Gesang aus der Tiefe der Lungen. Wir singen mit ganzer Kraft. Du musst lauter sein als das Gebrüll, damit der Schöpfer dich hören kann. Deshalb«, sagte er, »möchte ich dir ein Lied aus meiner Heimat geben.«

So geschah es, dass ich im Jahre 1963 erstmals ein Lied von einem Menschen vorgesungen bekam, der nicht zu meiner Familie gehörte. Im Postamt von Nuuk. Dieser ostgrönländische Älteste stand dort und sang. Ich schaute mich um und sah eine Handvoll Menschen. Sie alle staunten nicht schlecht, als dieser Mann mit voller Wucht zu singen begann. Es war unglaublich, es war bewegend. Später habe ich erfahren, dass dieser Gesang das erste Eskimo-Lied war, das jemals auf einem Tonträger aufgenommen wurde.

Wisse: Die Bedeutung der Sonnenaufgangszeremonie ist sehr wichtig. Sie erinnert dich immer daran, dass wir uns in unserer Schönheit wahrnehmen sollen.

Die Gaben des Lebens

VON DER SEELE

Du hast eine ewige Seele. Jeder Mensch hat eine ewige Seele. Als der Mensch die Lehren empfing, erhob er sich aus dem Tierreich. Seither hat ein jeder von uns eine menschliche Seele.

Deine Seele ist unzerstörbar. Ihre Stärke ist unermesslich. Nie wird sie durch schlechte Gedanken oder Gefühle in Mitleidenschaft gezogen. Sie kann nicht krank werden. Sie kann nicht sterben. Wenn dein Leib stirbt, wird sie auffahren zum Großen Himmel. Dann wird sie als Nordlicht tanzen, wann immer ein Mensch auf Erden deiner gedenkt. Ganz genau so, wie die Seelen der Verstorbenen für dich als Nordlicht tanzen, wenn du ihrer gedenkst.

Bedenke: Jeder Mensch hat eine ewige Seele. Jeder. Jeder der sieben Milliarden, die heute leben; jeder der sieben Milliarden, die von Anbeginn der Menschheit an auf Erden wandelten. Und jede Seele – die der Toten ebenso wie die der Lebenden – freut sich, wenn jemand ihrer gedenkt.

VOM WUNDER DES DASEINS

Meine Großmutter Aanakasaa liebte es, sich die linke Handfläche zu reiben und sie mir wie einen Spiegel vor die Augen zu halten. »Wen siehst du?«, fragte sie dann. Sie wollte, dass ich darüber nachdenke, wer ich bin. Sie wollte, dass ich verstehe, dass ich ein Ebenbild des Schöpfers bin. Sie wollte, dass ich verstehe, dass wir alle Ebenbilder des Schöpfers sind. Aber sind wir uns darüber im Klaren? Nein, wir sind es nicht. Die meisten von uns haben sich noch nicht einmal die Frage gestellt: »Wer bin ich?«

Die Alten sagen: »Du bist das größte Wunder der Welt.« Nicht, weil *du* es bist, sondern weil du *lebst*. Und soll ich dir etwas verraten? Es ist wahr: Du bist das größte Wunder der Welt. Weil du jetzt und hier lebst. Millionen von Menschen haben vor dir gelebt. Du lebst aber jetzt – in dieser Zeit des Wandels. Welch ein Wunder, welch ein Geschenk, in dieser Zeit zu leben! Doch die meisten Menschen machen sich das nicht klar. Sie denken: Hm, es ist das Jahr 2010, die Sonne geht unter, es wird kalt, was gibt's heute zum Abendessen?

Wir haben die Kraft vergessen, die jedem Einzelnen von uns gegeben ist. Wir haben den Sinn für das Wunder unseres Daseins verloren.

VON DER VERANTWORTUNG DER VÖLKER

Die Alten sagen: Jede Hautfarbe auf Erden hat ihre eigene spirituelle Verantwortung. So hat es mich auch meine Großmutter gelehrt. Sie sagte: »Im Osten, wo die Sonne aufgeht, erstrahlt sie mit einem gelben Licht. Deshalb leben im Osten die gelben Menschen. Ihre Aufgabe ist es, für die Erde zu sorgen.« Wenn du aber heute in den Fernen Osten reist, wo die gelben Menschen leben, wirst du bemerken, dass sie dieser spirituellen Aufgabe nicht nachgekommen sind. Ich habe vor vielen Jahren eine Sonnenaufgangszeremonie in China, in der Provinz Kanton gefeiert. Als die Sonne aufging, färbte sich der Himmel rosa. Damals begriff ich, dass die gelben Menschen ihrer spirituellen Verantwortung nicht gerecht geworden sind. Sie haben nicht gut für die Erde gesorgt. Wir wissen heute, dass sie die ersten waren, die die Erde kochten, um Mineralien aus ihr zu lösen. So zerstörten sie die Umwelt. So ist es geblieben. Sie sorgen nicht genügend für die Erde.

Im Süden, wo die Sonne am höchsten über unseren Köpfen steht, erstrahlt sie immer weiß. Deshalb gibt es im Süden die weißen Menschen. Wenn die Sonne am höchsten über uns steht, wirft sie die kleinsten Schatten. Deshalb liegt es in der Verantwortung der Weißen, die Unterschiede zwischen den Menschen aufzuheben: Gleichberechtigung und Wertschätzung zu kultivieren. Aber die Weißen haben diese Aufgabe nicht erfüllt. Stattdessen haben sie Eroberungszüge veranstaltet. Ein Blick in die Welt mit all ihren sozialen und ökonomischen Unterschieden zeigt, dass die weißen Menschen ihrer spirituellen Verantwortung nicht gerecht werden.

Im Westen, wo die Sonne rot glühend versinkt, leben die roten Menschen. Zu ihnen gehöre auch ich. Unsere Gesichter strahlen im warmen Rot, wenn wir den Sonnenuntergang ansehen. Mit dem Sonnenuntergang beginnt der Abend – die Zeit für das gemeinsame Essen und Feiern. Es ist die Zeit, uns zu entspannen und die Schönheit des Friedens zu genießen. Aber dieser Frieden existiert noch nicht, sagte meine Großmutter. Wir fragten sie, warum. Sie sagte: »Weil der rote Mann mit dem roten Mann darüber streitet, wer die besseren Zeremonien hat.« Daraus lernen wir, dass auch die roten Menschen ihrer spirituellen Verantwortung nicht gerecht geworden sind.

Wenn die Sonne versunken ist, wandert sie in den Norden. Dann wird es schwarz. Meine Großmutter sagte, die spirituelle Verantwortung der schwarzen Menschen sei es sicherzustellen, dass jede Frau und jeder Mann in der Nacht ruhig schlafen können. Aber wenn du das Land der Schwarzen anschaust, wirst du feststellen, dass dort überall Krieg herrscht. Daran erkennst du, dass auch die schwarzen Menschen ihrer spirituellen Verantwortung nicht nachgekommen sind.

Nun fragst du: Was braucht es für dich und für mich, dass wir unseren spirituellen Aufgaben nachkommen? Im Osten sorgen die gelben Menschen nicht für die Erde. Die Weißen im Süden schaffen Ungleichheit statt Gleichberechtigung. Im Westen, wo die Sonne untergeht, sorgen die roten Menschen nicht mehr für den Frieden, sondern sie streiten darum, wer die besten Zeremonien hat. Und die Schwarzen? Bedenke: Überall auf der Welt schließen sich die Menschen in ihren eigenen Häusern ein, wenn es Nacht wird. Warum? Weil sie ihren Nachbarn nicht vertrauen. In einer Stadt wie New York findest du Millionen, die nachts ihr Haus zu einem Gefängnis machen. Sie sind Gefangene in ihren eigenen vier Wänden. Weil sie ihren Nachbarn nicht trauen. Keiner von uns ist seiner spirituellen Verantwortung gerecht geworden. Was also müssen wir tun, um unserer spirituellen Verantwortung gerecht zu werden? Diese Frage wurde seit jeher gestellt – von Menschen aller vier Hautfarben, überall auf der Welt.

VON DEN FEDERN

Meine Großmutter Aanakasaa hatte immer den Flügel eines Vogels zur Hand. Damit reinigte sie die Erde. Oft habe ich sie vor ihrem Haus dabei angetroffen. Sie fegte den Boden, dann hob sie die Feder zum Himmel – ohne ein Wort zu sagen. Als ich sie fragte: »Großmutter, was tust du?«, sagte sie: »Oh, ich habe die Erde gereinigt. Damit sie dich gut aufnimmt, wenn du auf ihr wandelst.« Und ich dachte. »Wow, sie reinigt mit dem Flügel eines Vogels die Erde, damit ich auf eine gute Weise gehen kann.«

Doch damit nicht genug. Sie nahm den Flügel und wehte die Federn an uns aus. Sie sagte: »Das, damit sich deine Energie ändert.« Und tatsächlich: Ich spürte, wie der Luftzug mich durchdrang und sich etwas in mir veränderte. Schlagartig wurde ich mir meiner selbst bewusster. Die Energie verwandelte sich und alles sah anders aus. Je nachdem, wie sie es tat: mal vorsichtig und sanft, mal kräftig und heftig. Es hing ganz davon ab, in welcher Verfassung ich zu ihr ging: ob mir das innere Gleichgewicht fehlte oder ob ich einen Stoß brauchte.

Sie sagte: »Wenn du deine Flügel ausspannst, dann ist es, als ob du anhebst zu segeln.« Sie nahm dabei nur eine einzige kleine Feder und streckte den Arm aus. Aber ich konnte spüren, dass sie damit durch die Luft segeln könnte. Sie sagte: »Du und ich, wir werden niemals fliegen können. Aber wir können segeln wie ein Adler – und die Unermesslichkeit in uns selbst erkennen.« Sie sagte: »Die größte Entfernung im Dasein des Menschen ist nicht die von hier nach dort oder von dort nach hier. Nein, die größte Entfernung im Dasein des Menschen ist die von seinem Verstand zu seinem Herz. Nur wenn er diese Distanz überwindet, lernt er, wie ein Adler zu segeln und seine innere Unermesslichkeit wahrzunehmen.«

Die größte Entfernung für einen Menschen ist die zwischen Verstand und Herz.

Segeln bedeutet nicht, die Bodenhaftung zu verlieren und abzuheben. Es bedeutet, den Horizont zu erweitern und dich besser kennenzulernen. Es bedeutet: die Flügel zu öffnen und dich tragen zu lassen. Aus eigener Kraft kannst du nicht fliegen, aber du kannst dich dir selbst anvertrauen und dich von Leben in neue Höhen tragen lassen – zu neuen Höhen deines Bewusstseins, zu einer anderen Ebene der Wirklichkeit in dir. Je sicherer du dir deiner selbst bist, desto besser kannst du auf den Federn deines *Geistes* segeln. Mit nur einer einzigen Feder. Stell dir vor, wie kraftvoll es sein wird, wenn du mit einem ganzen Flügel segeln würdest.

Als ich einmal mit meiner Frau wanderte, stieß sie mich plötzlich an und sagte: »Schau!« Und ich schaute und sah wenige Meter vor mir zu meiner Rechten einen prächtigen, braun-schwarzen Seeadler. Wir bewunderten ihn und flüsterten: »Danke – danke, dass du uns empfängst.« Und ich begann ihm zu erzählen: von meinem Leben, meiner Frau, meiner Familie, meinen Ältesten. Und er antwortete: »Du musst wissen, dass Tiere immer antworten, wenn du zu ihnen sprichst.« Und als wir mit unserem Gespräch fertig waren, hob er ab. Er öffnete seine Flügel und sprang. Nichts sonst. Er konnte das, weil er den Luftzug spürte. Ohne dieses Gefühl für den Luftzug hätte er die Flügel schlagen müssen, um die Luft zu bewegen. So aber konnte er einfach davongleiten. Ganz leicht, ohne Aufwand von Energie. Er ließ sich einfach nur tragen, im Vertrauen und Wissen, dass die Luft ihn tragen würde. Das ist Segeln.

Wenn dir jemand eine Feder schenkt, dann will er damit sagen: »Erkenne dich selbst! Vertrau dich dir an! Segeln! In großer Bewusstheit deiner Kraft und Schönheit.« Er wird dir die Feder schenken, weil er das Potenzial erkannt hat, das in dir schlummert. Und je nachdem, welcher Art dieses Potenzial ist, wird er dir die Feder eines Falken oder einer Schneegans schenken, eines Adlers oder eines Schneehuhns. Niemand verschenkt eine Feder einfach so. Du verschenkst sie nur, wenn du das Potenzial eines Menschen erkannt hast und ihm dabei helfen möchtest, es sich anzueignen. Wenn du ihm dabei helfen möchtest, sich zu erkennen, anzuerkennen – sich zu lieben. Damit er sich von seiner eigenen Kraft und Stärke tragen lasse, so wie der mächtige Adler sich von der Luft tragen lässt.

VOM SCHENKEN

Bei uns im Norden spielen Geschenke eine wichtige Rolle. Dabei gibt es unterschiedliche Weisen des Schenkens. Manchmal schenken wir, um unseren Liebsten eine Freude zu machen. Dann versammelt sich die ganze Familie um das Geschenk. Alle wollen wissen, was du geschenkt bekommen hast. Es ist immer ein Fest, wenn jemand ein Geschenk macht. Daneben aber gibt es andere Geschenke: Geschenke, die dir eine Richtung geben. Es sind die Gaben derer, die im Leben weiter vorangeschritten sind als du. Es sind die Gaben derer, die dir ins Herz schauen und darin ein Potenzial erkennen, das noch in dir schlummert. Es sind Gaben, die dich vor eine Aufgabe stellen.

Niemand wird bei uns ein Ältester, ohne vorher eine solche Gabe empfangen zu haben. Niemand wird ein Ältester, ohne gefragt worden zu sein. Es muss jemand da sein, der dich sieht: der das Potenzial zum Ältesten in dir erkennt. Dann wird er dir ein Geschenk machen – damit du das Potenzial in dir erkennst und die Verantwortung spürst, ihm gerecht werden zu müssen. Und wenn du das Geschenk akzeptierst, dann übernimmst du damit die Verantwortung, dem Geschenk – und deinem Potenzial – gerecht zu werden. Du bekundest, dass du willens bist, dich seiner und deiner würdig zu erweisen. Eine Feder, die du entgegennimmst, wird so zum Ausdruck für deine Bereitschaft und deine Verantwortung, dich zu neuen inneren Höhen zu erheben.

Wenn du ein Geschenk akzeptierst, übernimmst du Verantwortung.

Hast du einmal den Federschmuck eines nordamerikanischen Indianers gesehen? Diese Pracht und Vielfalt von Federn? Du erkennst daran die Würde und Verantwortung eines solchen Mannes. Viele Menschen haben ihm Federn angeboten. Viele haben seine innere Kraft und Schönheit gesehen. Und er hatte den Mut, sich der Verantwortung zu stellen, die ihm damit gegeben ist. Davon erzählt sein Federschmuck. Dabei wurden ihm einige Federn von einzelnen Personen übergeben, andere von der Gemeinschaft seines Stammes. Sie zeugen von einer großen Verantwortung.

Ich habe mich anfangs dagegen gesträubt, Schamane zu sein. Denn Schamane zu sein bedeutet, eine große Verantwortung zu übernehmen. Ich erinnere mich auch daran, wie schwer ich mich tat, als ich zum ersten Mal gebeten wurde, Ältester zu sein. Drei Familien hatten mir diese Würde angetragen und mir ein entsprechendes Geschenk übergeben. Ich war damals 44 Jahre alt. Das Geschenk war noch eingepackt. Ich nahm es entgegen und reiste damit von Ontario bis nach Nuuk – 5000 Kilometer, um meine Mutter zu fragen, was ich tun sollte. Sie nahm das Geschenk, roch daran, betrachtete es von allen Seiten, roch noch einmal daran und gab es mir zurück. Dann sagte sie: »Sohn, du musst lernen, dich eines Ältesten würdig zu erweisen. Du musst wachsen, um dem gerecht zu werden.« Ich sagte: »Okay, aber wie mache ich das?« Sie schaute mich an und sagte: »Sohn, du musst lernen, in diese Aufgabe hineinzuwachsen und dich ihrer würdig zu erweisen!« Und dann ging sie.

Ich bin jetzt über sechzig Jahre alt. Seit bald zwanzig Jahren bin ich Ältester. Ich bin um die ganze Welt gereist, aber ich habe niemanden gefunden, der mir die Antwort geben konnte, wie ich in diese Aufgabe hineinwachsen und mich dessen würdig erweisen könne, Ältester zu sein. Ich suche noch immer nach der Antwort. Eines Tages werde ich es wissen, aber noch ist es nicht so weit.

Genauso war es, als ich Schamane wurde. Die Ältesten der Familie fragten mich, ob ich ihr Schamane werden wolle. Und sie übergaben mir ein verpacktes Geschenk. Ich trug das Geschenk eine lange Zeit mit mir, denn sie gewährten mir neun Monate, um zu erwägen, ob ich die Aufgabe annehmen und das Geschenk öffnen wollte. Neun Monate lang fragte ich mich: Soll ich oder soll ich nicht? Ich stieg allein auf einen Berg, um mit meinem Schöpfer darüber zu reden. Ich erzählte ihm alles von mir, doch selbst als ich den Rückweg antrat, wusste ich nicht, wie ich antworten würde. Also stieg ich hinab und kam in das Haus, wo mich alle erwarteten. Meine Schwester fragte: »Nun, Angaangaq, wirst du es öffnen?« Sie wollte wissen, wie ich mich entschieden hatte. Aber ich antwortete: »Meine Liebe, ich denke noch darüber nach, ob ich es öffnen soll oder nicht.« Denn ich war wirklich hin- und hergerissen. Doch dann spürte ich den Impuls, es auszupacken. Und ich tat es. Niemand sagte ein Wort. Alle schauten mich an. In einer großen Liebe, die jeder spüren konnte. Ich weinte. Was sonst hätte ich tun sollen? Denn ich hatte eine große Verantwortung übernommen: die Verantwortung, meiner Aufgabe als Schamane gerecht zu werden – in sie hineinzuwachsen und mich ihrer würdig zu erweisen.

Wisse: Wenn dir jemand etwas gibt und du nimmst es an – dann übernimmst du damit Verantwortung. Dann gibst du das Versprechen, wachsen und reifen zu wollen.

Es ist so schade, dass ihr Menschen des Westens den Sinn des Schenkens vergessen habt. Ihr macht Weihnachtsgeschenke oder Geburtstagsgeschenke – und das war's dann. Dabei habt ihr vollständig verlernt, wie man ein Geschenk entgegennimmt. Ihr sagt: »Danke.« Oder schlimmer noch: »Oh, das wäre doch nicht nötig gewesen.« Oder ihr schenkt euch gar nichts mehr – und seid auch noch stolz darauf. Mich macht das sehr traurig. Denn es zeigt mir, dass ihr den Bezug zueinander verloren habt. Wenn zwei Menschen sich nichts schenken, zeigt es, dass ihre Beziehung erloschen ist. Ist das nicht furchtbar?

Mein alter Lehrer im Land der Mohawk sagte: »Alles geht im Kreis. Was du gibst, kehrt zu dir zurück. Gibst du es auf gute Weise, kehrt es tausendfach auf gute Weise zu dir zurück.« Und er war ganz begeistert davon, dass er dieselbe Wahrheit auch in den Lehren Jesu fand: »Wie ihr säet, so werdet ihr ernten!« Das Christentum ist erst 2000 Jahre alt. Die indigene Welt ist so viel älter. Jesus und wir – wir schöpfen aus den gleichen Quellen. Wir schöpfen aus der gleichen, einfachen Schönheit des Lebens.

VON DER »MEDIZIN«

Eine Gabe ist immer auch ein Heilmittel – eine *Medizin*. Denn sie gibt dem Leben Richtung. Einst gab ich einem jungen Mann eine Feder. Ich sah in ihm das Potenzial zu segeln. Wann er die Flügel seines Geistes aufspannen und zu neuen, inneren Höhen segeln wird, weiß ich nicht. Niemand weiß es. Er allein wird es entscheiden. Es liegt an ihm, die Verantwortung für diese *Medizin* zu übernehmen. Doch ich sehe in ihm das Potenzial, dass er dorthin wachsen wird. Eines Tages wird er seine Flügel öffnen und sich der Feder, die ich ihm gab, würdig erweisen. Und dann wird er gleiten. Dann wird er sich näher kommen. Und wenn ich ihm eines Tages begegne, werde ich wissen, ob er diese Lektion gelernt hat. Ich werde wissen, ob die Feder ihm geholfen hat, sich selbst zu finden – mit sich ins Gleichgewicht zu kommen.

Doch bedenke: Ich kann dir helfen, indem ich dir eine *Medizin* reiche. Aber die eigentliche Arbeit musst du machen. Ich kann dir eine Feder geben, aber du bist es, der die Flügel öffnen muss. Ich kann dich nur dazu einladen. Und wenn ich dich einlade, dann muss ich sehr achtsam sein. Ich muss die Bedeutung der *Medizin* kennen und ich muss ihre Richtungsweisung kennen.

Wer eine *Medizin* angenommen hat, trägt sie immer bei sich – nicht als Schmuckstück, sondern als Erinnerung an das, was er entwickeln soll, wofür er Verantwortung übernommen hat. Ich bin ein alter Mann. Ich habe in meinem Leben unzählig viele *Medizinen* überreicht bekommen. Wenn ich zu Hause meine Zeremonien verrichte, dann schaue ich sie mir an. Ich überlege: Welche Aufgabe liegt vor mir? Was habe ich zu tun? Was will ich erreichen? Und dementsprechend lege ich mir die *Medizin* an. Ich habe sie einst angenommen, habe das Geschenk akzeptiert. Ich weiß, dass es nun an der Zeit ist, ihm gemäß wieder einen Schritt des inneren Wachstums zu gehen. Je nachdem wähle ich. Mal trage ich die *Medizin* der Robbe, mal die des Eisbären.

Eine *Medizin* zu überreichen, ist nichts, was jedermann zusteht. Es steht nur denjenigen zu, die tief ins Leben geblickt haben – die wirklich das Potenzial in einem anderen Menschen erkennen können. Man muss dafür kein Schamane sein. Auch kein Medizinmann. Du kannst es auch. Doch es setzt voraus, dass du sehr sorgsam bist. Dass du genau hinschaust – mit einem liebenden Herzen und voller Aufmerksamkeit für das, was in einem Menschen schlummert. Und es ist wichtig, dass du die *Medizin* in Würde darreichst – mit Respekt und Bewunderung für denjenigen oder diejenige, die du damit ehren willst. Du kannst das tun, auch als Mensch der westlichen Welt. Aber achte auf deine innere Haltung. Und versichere dich, dass der- oder diejenige, denen du die *Medizin* darreichst, bereit ist, ihre Bedeutung ernst zu nehmen. Sage ihnen in aller Deutlichkeit, was du tust. Damit sie es wirklich verstehen – sie und alle, die dabei zugegen sind.

Wenn ich eine *Medizin* übergebe, schaue ich mir vorher die Menschen sehr genau an und spüre tief in sie hinein. Damit ich ihr Potenzial sehe und verstehe, welche Richtung sie nehmen müssen, um zur Blüte zu kommen. Deshalb gebe ich eine *Medizin* auch nur bei besonderen Anlässen. Mir ist wichtig, dass andere Menschen zugegen sind und bezeugen, dass ich eine *Medizin* überreiche – Menschen, vor denen du dich verantworten musst, wenn du die *Medizin* erhältst. Menschen, die bereit sind, dich darin zu unterstützen, dich der Gabe, die du empfangen hast, würdig zu erweisen.

Diese Tradition ist in Grönland lebendig geblieben. Wenn jemand ein Geschenk oder eine *Medizin* erhält, dann kommen alle herbeigelaufen, um zu schauen. Ich war sechs oder sieben Jahre alt, als ich meine erste *Medizin* erhielt. Es war der Flügel einer Schneeammer. Ich trug sie viele Jahre lang. Und meine ganze Familie half mir dabei, mich als ihrer würdig zu erweisen: als einer, der die frohe Botschaft des kommenden Jahres zu verkünden weiß. Nach und nach fielen alle Federn heraus, aber die Verantwortung blieb mir: den Anbruch der neuen Zeit zu verkünden.

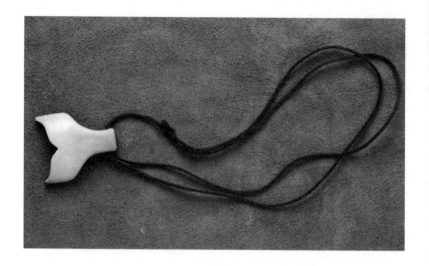

Die Alten sagen zu Recht: Wenn du eine *Medizin* gut anwendest, stärkt sie dich. Wenn du sie schlecht anwendest, bringt sie dich um. Beim Tabak ist es so, genauso aber auch beim Feuer. Es kann dich verbrennen, aber es kann dich auch wärmen und erleuchten. Auch beim Wasser: Gut angewandt, bringt es das Leben, es kann aber auch alles ertränken.

Es sind aber nicht nur Menschen, die dir eine *Medizin* darreichen. Es kann auch Mutter Erde sein. Oder ein Tier. Wenn ein Adler über dir kreist und seine Feder abwirft, dann übergibt er dir ein großes Geschenk. Nimm es auf und danke ihm für die Wegweisung, die er dir gibt. Und erweise dich seiner Gabe als würdig. Bedenke: Kein Vogel fliegt so hoch wie der Adler. Wenn er dich sieht und dir zuruft, dann tut er es, weil er weiß, dass dir ein Hindernis im Weg liegt. Aber wir haben es verlernt, seine Sprache zu verstehen. So, wie wir es verlernt haben, die Gaben der Natur als Heilmittel zu verstehen, die uns den Weg zu uns selbst weisen. Doch wenn ich das Leben als eine Zeremonie feiere, dann werde ich die Feder, die der Adler mir zuwirft, aufheben und sagen: »Ja, ich werde besser auf mich Acht geben.« Wenn ich achtsam durch die Welt gebe, werde ich selbst die Feder eines Spatzen als Wegweisung ernst nehmen. Denn er ist ein unglaublich starkes Tier, und auch er hat mir eine Feder gegeben, damit ich aufs Neue segle und mich zu neuen Höhen erhebe. Damit ich herausfinde, wer ich bin und wohin ich gehen soll, um nach Hause zu finden.

Es ist so schade, dass die Menschen des Westens die Sprache der Natur nicht mehr verstehen – ja, dass sie nicht einmal mehr wissen, dass es sie überhaupt gibt. Vor nicht langer Zeit machte ich einen Spaziergang durch Berlin. Dabei fand ich eine ganz zerfledderte Feder. Ich konnte nicht mehr erkennen, von welchem Vogel sie stammte. Ich hob sie auf und sagte: »Danke.« Dieser Vogel hatte eine Feder fallen gelassen. Aber niemand hatte es bemerkt. Niemand von drei Millionen Menschen in Berlin. Ich hob sie auf, ich blies den Lebensatem auf sie und sagte: »Danke.« Denn irgendjemand in der Welt der Tiere hatte mir gesagt: »Pass auf dich auf! Mach es besser.« Und ich wusste: »Ja, ich werde es besser machen. Ich werde achtsamer sein. Ich werde spirituell reifen.«

Findest du eine Feder, verstehe sie als Wegweisung.

VON DER KRALLE DER ROBBE

Vor einiger Zeit traf ich in Berlin eine Frau, die eine Reise nach Grönland unternommen hatte. Dort hatte sie in einem Touristenladen eine *Ussuk* gekauft – die Kralle einer Robbe. Sie sah fast so aus wie diejenige, die ich als *Medizin* um meinen Hals trage. Ich sah sie und sagte: »Oh, wie ist das schön!« Aber gleichzeitig spürte ich, dass sie von der Bedeutung der *Ussuk* nicht die geringste Ahnung hatte. Sie war zu einem Souvenir geworden, zu einem Schmuckstück, das sie an ihre Reise erinnerte, von dem sie aber nichts verstand. Sie wusste nicht, welche Verantwortung sie sich damit auferlegt hat, die Kralle einer Robbe zu tragen. Sie wusste nicht, welche Richtung diese *Medizin* ihrem Leben geben könnte.

Da wurde mir klar, wie sehr wir den Bezug zum Sinn verloren haben – wie leer unser aller Leben dadurch geworden ist, dass die Dinge ihre Bedeutung verloren und wir die Zeremonien vergessen haben: die Zeremonien, die uns immer wieder an den Sinn und die Schönheit des Lebens erinnern könnten.

Diese Frau wusste nicht, dass *Ussuk* bedeutet: Ich kann den schwierigsten Berg besteigen. Wie eine Robbe mit ihren Krallen auch den steilsten Eisberg bezwingt, so kann ich noch das größte Hindernis überwinden und die schwierigsten Aufgaben meistern. Dazu hält diese *Medizin* mich an, dazu nimmt sie mich in die Verantwortung, dazu lässt sie mich wachsen. Ich habe sie angenommen, als sie mir dargereicht wurde. Nun habe ich sie. Sie sagt mir: Ja, du kannst klettern, ja, du kannst den steilsten und glitschigsten Aufstieg schaffen. Das verleiht große Kraft.

VOM INSTRUMENT DES GROSSEN HIMMELS – *QILAUT*

Eines Tages versammelten sich die Menschen im Dorf, denn ein alter Schamane – ein Angakkoq – war zu ihnen gekommen. Da ging der Schamane auf eine innere Reise. Er reiste in die Unterwelt – und als er zurückkam, erzählte er, wen er dort getroffen, was er gesehen, was er erfahren und was er gehört hatte. Die Unterwelt ist keine Region innerhalb der Erde. Sie ist die Welt unter der Oberfläche deines alltäglichen Lebens. Sie ist die Welt deiner Instinkte, deiner verdrängten Gefühle, die Welt deiner Schatten, die du nicht sehen magst und die du vor anderen verbirgst. Sie ist die Welt deines Bauches.

Jeder Mensch hat diese Unterwelt. Doch niemand besucht sie. Außer den Schamanen. Sie steigen dorthin hinab. Wenn sie zurückkehren, berichten sie uns, wen sie getroffen haben – und es werden viele sein, denen sie in deiner und meiner Unterwelt begegnen; sie werden berichten, was sie gesehen haben – und sie werden vieles sehen, was du und ich getan haben, aber nicht anschauen; sie werden berichten, was sie erfahren haben – und es wird vieles sein, weil sie erfahren, was du und ich erlebt haben, von dem wir aber nichts mehr wissen wollen; sie werden berichten, was sie gehört haben – und sie werden vieles von dem zu hören bekommen, was du und ich getan haben, aber nicht mehr hören wollen. Doch wir sind wie die Kinder: Wir wollen von ihnen erfahren, was sie gehört haben. Das andere interessiert uns nicht. Und also erzählte der Schamane, was er in der Unterwelt gehört hatte.

Nachdem er die Unterwelt bereist hatte, brach der Schamane auf, um die Welt der Menschen zu bereisen. Das ist die Welt deines Kopfes, die Welt deines Verstandes und deines alltäglichen Bewusstseins. In ihr hatte er eine Menge zu tun. Bedenke nur, wie viele Menschen es allein in deiner Welt gibt: all diese Menschen, die du kennst. Wenn ein

Schamane deine Welt bereist, wird er sie treffen. Und wenn er von seiner Reise zurückkehrt, wird er dir berichten, wen er in deiner Welt getroffen hat, was er gesehen hat, was er erfahren hat – und was er gehört hat. Und wieder sind wir wie die Kinder: Am meisten interessiert uns, was er gehört hat. Das andere erscheint uns nebensächlich. Und also erzählte der Schamane, was er in der Welt der Menschen gehört hatte.

Zuletzt machte sich der Schamane auf die Reise zum Großen Himmel – nicht zu dem großen Himmel über dir mit all seinen Sternen, sondern zum Himmel in dir. Zum Großen Himmel in deinem Herzen. Wenn ein Schamane den Großen Himmel in dir bereist und von dort zurückkommt, wird er dir sagen, wen er dort traf, was er sah und was er erfuhr. Das wird vieles sein, denn es gibt vieles in deinem Himmel zu erleben. Doch wieder sind wir wie die Kinder: Am meisten interessiert uns, was er gehört hat. Das andere erscheint uns nebensächlich. Der Schamane aber wird dir nicht sagen können, was er in deinem Himmel gehört hat. Er kann es nicht wiedergeben. Und deshalb schwieg auch der alte Schamane, als er von seiner Reise in den Großen Himmel zurückkehrte.

Da begab es sich eines Tages, dass ein Fremder in das Dorf des Schamanen kam. Er trug eine Trommel bei sich. Der große Schamane winkte ihn herbei, und der Mann fragte: »Darf ich?« und zeigte dabei auf seine Trommel. »Aber sicher«, erwiderte der große Schamane, »du bist unser Gast. Bitte.« Und also schlug der Mann die Trommel. Da atmete der große Schamane tief durch. »Ah«, sagte er, »das ist es, was ich hörte, als ich den Großen Himmel bereiste.« Was er gehört hatte, war der Herzschlag. Seither heißt die Trommel der Eskimos *Qilaut* – ein Instrument des großen Himmels.

Der Fremde, der die Trommel mit sich führte – er war gesandt von dem *Mann-der-uns-erschaffen-hat*. Er brachte uns die Lehre vom *Großen Geist – Toornngaq*. Der Große Lehrer ist der Eine, der uns wachsen lässt. Der Große Lehrer ist es, der uns die Lehre vom Kreis gebracht hat. Die Qilaut ist ein Kreis ohne Anfang, ohne Ende, ein Kreis, zu dem wir alle gehören. Nur der *Mann-der-uns-erschaffen-hat*, der Schöpfer, hält den Griff der Trommel, und jedes Mal, wenn er den Rand der Trommel berührt, hört er den Herzschlag des Menschen. Je stärker der Herzschlag ist, desto vitaler ist der Mensch.

Es gibt ein altes Gebet: »Meine Hoffnung ist, dass wir alle einen starken Herzschlag haben, sodass wir alle gemeinsam gedeihen können. Und da es sich um deinen eigenen Herzschlag handelt, so wirst du immer, wenn du mit deinem Herzen sprichst, auch Antwort erhalten. Nun ist es an dir zu lernen, auf dein Herz zu hören.«

VOM HERZSCHLAG

In der Stadt, in der du lebst, gibt es viele Häuser. Dort kannst du den Himmel nicht sehen. Das Tal, in dem du lebst, ist von Bergen umgeben. Dort siehst du nur einen Teil des Himmels. Wenn du aber hinausgehst oder auf einen Berg steigst und dich mit dem Rücken auf die Erde legst, dann siehst du die endlose Weite des Himmels. Aber wisse: Der Große Himmel in dir ist unendlich viel weiter. Er ist unermesslich. Du fragst mich, warum? So fragte auch ich. Ich fragte meine Mutter, woher sie wisse, dass der Himmel in mir unendlich weiter ist als der große Himmel über mir. Sie lächelte nur und sagte: »Mein Sohn, es braucht nicht viel, um den Himmel über dir zu erkunden. Wenn du ihn sorgfältig beobachtest, weißt du nach wenigen Minuten ganz genau, wo du bist. Aber du wirst mehr als ein Leben brauchen, um deinen Bruder zu erkunden. Denn der Große Himmel in ihm ist viel weiter als der große Himmel über dir.«

Von diesem Großen Himmel in dir erzählt dein Herz. Deshalb sagte der große Schamane, als er den Schlag der Qilaut hörte: »Ah, das ist es, was wir hören, wenn wir den Großen Himmel bereisen.« Und deshalb gibt es das alte Wort: »Wann immer du zu deinem Herzen sprichst, wird es dir antworten. Jetzt ist die Zeit gekommen, dass du und ich lernen, unserem Herzen zuzuhören.«

Deshalb ist es so wichtig, dass wir die Kunst lernen, die Stimme unseres Herzens zu hören. Die meisten Menschen haben diese Kunst verlernt. Sie haben keinen Zugang zu ihrem Herzen. Sie wissen nicht einmal, dass ihr Herz zu ihnen spricht. Das trifft vor allem auf die Männer zu. Frauen haben oft eine intuitive Gabe, ihr Herz zu hören. Sie verstehen die Sprache des Herzens besser als wir Männer.

Diejenigen aber, die die Stimme des Herzens zu hören vermögen, wissen, dass es sehr, sehr viele verschiedene Herzschläge gibt. Und dass jeder Herzschlag etwas davon verrät, wie es um uns bestellt ist.

Hast du einmal den Herzschlag eines Kindes gespürt, wenn es seinem Papa, der von einer Reise zurückkehrt, in die Arme fliegt? Wie rasch und freudig es in seiner kleinen Brust hüpft? Und hast du gespürt, wie sein Herzschlag schwach und zaghaft wird, wenn es wieder ans Abschiednehmen geht? Hast du das je gespürt? Wenn ja, dann weißt du, dass es schon bei kleinen Kindern unendlich viele verschiedene Herzschläge gibt. So viele Herzschläge, wie es Gefühle gibt. Und nicht anders ist es bei uns Erwachsenen: unzählig viele Herzschläge.

Doch es gibt nur einen Herzschlag, der so ist, wie er sein sollte. Ich habe schon viele Herzschläge gehört. Aber einen Herzschlag, der so ist, wie er sein sollte, habe ich nur ganz selten gefunden. Warum? Weil die wenigsten Menschen im Gleichgewicht sind. Ein Mensch im Gleichgewicht – das ist ein ruhiger, gleichmäßiger, kraftvoller Herzschlag. Er ist sehr selten.

Das Wunderbare aber ist: Der Herzschlag sagt dir, wo du bist. Er sagt dir genau, wie weit du dich von deiner Mitte entfernt hast – von dem Gleichgewicht, deiner Harmonie. Von dir selbst. Deshalb: Höre auf die Stimme deines Herzens. Es gibt keinen besseren Ratgeber.

VOM GERUCH

Jeder Zustand deines *Geistes* hat seinen eigenen Geruch. Du riechst anders, wenn du dich ärgerst. Du riechst anders, wenn du niedergeschlagen bist. Du riechst anders, wenn du glücklich bist. Ich rieche sofort, wenn du in einer schlechten Verfassung bist. Und ich rieche es, wenn du glücklich bist. Allerdings ist bei den meisten Menschen dieser Sinn nicht entwickelt. Sie kennen den Geruch des *Geistes* nicht mehr. Langsam jedoch kehrt das Bewusstsein dafür zurück. Eine fortschrittliche *Medizin*, die stärker als früher das Miteinander von Körper, Verstand und *Geist* begreift, bestätigt heute, was die Menschen des Nordens immer schon wussten.

VOM LÄCHELN DES HERZENS

Der schönste *Geist*, den es gibt, ist ein lächelndes Herz. Wenn dein Herz lächelt, lächelt auch dein Gesicht. Aber bedenke: Lächeln ist nicht grinsen. Oft grinst du. Wenn du grinst, lächelt dein Herz nicht. Du grinst, um das Leiden, die Niedergeschlagenheit und die Leere deines Herzens zu verbergen. Wäre dein Herz erfüllt, würdest du lächeln. Ein lächelndes Herz ist der schönste *Geist*, den es gibt. Dein Lächeln ist der schönste Ausdruck des *Geistes* in dir. Es ist ein Ausdruck der Liebe, die dein Herz lächeln lässt. Das Lächeln deines Herzens ist das Lächeln der Liebe. Wenn dein Herz lächelt, ist alles gut. Dann ist dein *Geist* gesund und kraftvoll. Dann entfaltet sich der *Geist* des Menschen in dir, dann bist du bei dir zu Hause. Dann gehst du aufrecht und kraftvoll – so, wie es deiner Bestimmung entspricht, jetzt und alle Zeit.

Oft aber ist dein *Geist* bekümmert. Oft bist du niedergeschlagen und grinst, statt zu lächeln. Oft lässt du dich vom *Animal Spirit* (Tiergeist) in dir beherrschen. Oft lächelst du nicht einmal dir selbst zu. Wenn dir dies widerfährt, ist dein *Geist* krank. Dann brauchst du einen Schamanen, der deinen *Geist* heilt, damit er wieder lächeln kann. Wenn dein *Geist* krank ist, braucht er ein Gebet. Das Gebet des Geistes ist der kraftvolle Gesang des Schamanen. Er lässt dein Herz lächeln und deinen *Geist* zu sich kommen.

Ich liebe es, einem lächelnden *Geist* zu begegnen. Und mein Gebet ist, dass dein *Geist* lächeln möge, wenn wir uns begegnen.

VOM NIEDEREN UND VOM HÖHEREN SELBST

Nicht lange bevor du geboren wurdest, waren die Menschen ein Teil der Tierwelt. Wir waren keine Eisbären, wir waren keine Adler, keine Wölfe und keine Füchse. Wir haben vergessen, wer genau wir waren – aber wir waren doch ein Teil des Ganzen. Dann wurde uns die Lehre vom Kreis gegeben. So wuchsen wir und kamen zur Reife. Wir entdeckten uns selbst und unsere Seelen kamen ans Licht. So geschah es, dass sich die Menschen aus dem Tierreich lösten und zu einer eigenen Gattung wurden.

So sagt es eine alte Geschichte. Sie sagt: »Wir sind zwar keine Tiere mehr – aber das Tierreich ist immer noch in uns mächtig.« Du erkennst das daran, dass wir alle die zwei Arten des Selbst haben. Das kleine, niedere Selbst ist der Tier-Geist (*Animal Spirit*) in uns. Er zeigt sich vor allem in der Sexualität: Ein sexuell erregter Mann möchte mit einer Frau schlafen – egal mit welcher, egal wo. Das ist der *Animal Spirit* im Mann. Er weiß nichts von Liebe, er kennt nur den Trieb. Er folgt seinen Instinkten. Aber täuschen wir uns nicht: Jeder Mensch hat diese Dimension in sich, Männer und Frauen.

Unser höheres Selbst dagegen kennt den Unterschied von Gut und Schlecht. Es kennt den Unterschied von Wahr und Falsch. Es steht für den Großen Himmel in uns: unsere Potenziale und Möglichkeiten. Und es kennt den *Geist* der Liebe. Mit dem höheren Selbst erkennt der Mann in der Frau seine Geliebte. Er weiß um ihre Besonderheit, und dieses Wissen überstrahlt die animalische Begierde in ihm. Aber oft ist das höhere Selbst nicht entwickelt. Oft sind wir Diener des *Animal Spirit* in uns. Los werden wir ihn nie. Der *Animal Spirit* ist ein Aspekt deines Lebens. Deine Aufgabe ist es, ihn durch dein höheres Selbst zu integrieren. Damit er nicht all dein Wol-

Deine Aufgabe ist es, immer aufs Neue das innere Gleichgewicht zu finden.

len beherrscht und du dich nicht wie ein Tier aufführst. Damit du in Würde und Liebe handeln kannst – und in großem Respekt leben kannst: vor dir selbst, vor deiner Familie, vor deinen Freunden, vor deinen Verwandten.

Das kannst du aber nur, wenn du den *Animal Spirit* in dir nicht verleugnest. Du musst ihn anerkennen. Und du musst dich immer aufs Neue darum bemühen, das innere Gleichgewicht zu finden: die Balance zwischen höherem Selbst und *Animal Spirit*.

VOM TIERGEIST IN DIR –
»*ANIMAL SPIRIT*«

Auf Erden gibt es vier Arten von Tieren: die kriechenden, die gehenden, die schwimmenden und die fliegenden. Von jeder dieser Art gibt es so viele Spezies, dass wir sie nicht zählen können. Und doch hat jeder Mensch die Qualitäten aller Tiere in sich. Jeder Mensch. Es gibt keine Ausnahme. Nur sind die *Animal Spirits* in jedem Einzelnen unterschiedlich entwickelt. Die einen haben in sich den *Geist* des Kaninchens, andere den *Geist* der Schlange. Ganz wenige den großen *Geist* des Eisbären. Zum Glück gibt es eine solch üppige Vielfalt! Das macht das Leben so reizvoll. Es wäre langweilig, wenn alle Menschen den großen *Geist* des Eisbären in sich entwickelt hätten. Mit einem etwas geschulten Auge erkennst du am Verhalten der Menschen sofort, welcher *Animal Spirit* in ihnen mächtig ist – ob es der *Geist* des Karibus ist oder der eines Vogels, einer Schlange, einer Kuh, eines Schweins, einer Ameise. Du kannst es sehen. Schau hin!

Aber lass dich nicht täuschen! Oft bilden sich die Menschen ein, einen *Animal Spirit* zu haben, der gar nicht in ihnen ist. In Nordamerika ist es große Mode, ein Wolf zu sein. Oder ein Bär. Aber ich sage dir: Die allerwenigsten werden je diese Qualitäten in sich entfalten. Kaum ein Mensch wird ein Eisbär sein, kaum einer ein Wal, kaum einer ein Adler. Um ein solches Tier zu werden, musst du dein Leben lang hart an dir arbeiten.

Wenn wir die besonderen Eigenschaften eines Menschen beschreiben wollen, vergleichen wir ihn nicht umsonst gerne mit einem Tier. Wir sagen: Schau, er gleicht einem Wurm – er ist orientierungslos. Oder wir sagen: Schau, er ist schlau, er gleicht einem Fuchs. Jeder Mensch hat den *Animal Spirit* in sich. Die Frage ist nur, wie wir ihn so entfalten können, dass er uns dabei unterstützt, zu uns selbst zu finden – eine neue Dimension unseres Lebens zu erreichen.

Dabei ändern wir uns. Mit jeder Qualität eines *Animal Spirits*, die du entwickelt hast, wirst du größer und reicher – und wenn du eine Qualität entwickelt hast, wird eine neue Aufgabe auf dich warten. In unterschiedlichen Phasen des Lebens sind unterschiedliche Tiere für dich bedeutungsvoll.

VOM EISBÄREN

Von allen Tieren auf dem Land gibt es keines, das so große Entfernungen zurücklegt wie der Eisbär. Innerhalb des Polarkreises wandert er rings um den Nordpol: in Island, in Norwegen, in Schweden, in Finnland, in Russland, Sibirien, Alaska, Kanada und in Grönland. Deshalb ist sein spiritueller Name: »Der große Wanderer«.

Wenn du die *Medizin* eines Eisbären erhältst, dann hat derjenige, der sie dir überreicht, in dir das Potenzial zu einem Menschen gesehen, der weit wandern und viele Ziele erreichen kann. Nicht nur in dieser Welt. Nicht nur in der Welt der Menschen. Ebenso in der Unterwelt und im Großen Himmel. Die *Medizin* des Eisbären gebührt denen, die alle Welten bereisen. Deshalb weckt es in mir größte Ehrfurcht, wenn ich jemanden treffe, der sie trägt. »Wow«, denke ich mir dann. »Diesem Menschen möchte ich zuhören. Dieser Mensch hat etwas zu sagen.« Denn dieser Mensch hat die Verantwortung übernommen, sich der *Medizin* des Eisbären würdig zu erweisen.

Nun, ich selbst habe sie oft bekommen: eine Kralle des Eisbären, einen Zahn, seinen Pelz, den Schwanz, die Nase. Sie alle haben eine andere Bedeutung, bezeichnen einen anderen Aspekt des Eisbären. Entscheidend aber ist die Grundbedeutung: der große Wanderer. Deshalb habe ich so viel Eisbär-*Medizin*. Denn immer wieder treffe ich Menschen, die sagen: »Angaangaq, du bist wie ein Eisbär. Du reist um die ganze Welt. Und du gibst niemals auf. Du bist stark wie ein Eisbär.« Eine stärkere *Medizin* gibt es nicht. Nichts geht über den Eisbären. Wenn ich diese *Medizin* jemandem überreiche, dann weiß ich, dass ich ihm eine große Aufgabe und Verantwortung antrage. Und wenn er sie annimmt, dann muss er verstehen, worauf er sich damit einlässt: Er bekommt sie, weil jemand in ihm das Potenzial sieht, stark wie ein Eisbär zu sein: voller Kraft, Durchhaltevermögen, Willensstärke. O ja, der Eisbär lässt dich wachsen.

VOM ADLER

Kein Vogel fliegt so hoch wie der Adler. Kein Tier kommt dem Schöpfer so nahe wie er. Wenn er herabschaut, überblickt er das Leben auf Erden. Die wenigsten Menschen werden je diesen *Geist* in sich ausprägen. Und die, denen es gelingt, übernehmen damit eine außerordentliche Verantwortung. Wenn dir jemand die Gabe einer Adlerfeder überreicht, hat er ein großes Potenzial in dir erkannt.

VOM GROSSEN WAL

Kein Fisch taucht so tief wie der große Wal. Der große Wal taucht in die tiefsten Tiefen des Ozeans. Wenn du den *Geist* des großen Wals in dir hast, wirst du in der Lage sein, noch tiefer zu tauchen: tief in die Abgründe deines eigenen *Geistes*. Dieser *Geist* ist tiefer als der tiefste Ozean. Nur der *Geist* des großen Wals vermag es, so tief zu tauchen. Doch die wenigsten Menschen haben das Vermögen, tief in sich selbst einzutauchen.

Ein Mensch, der diese Gabe hatte, war offenbar Jona, von dem die Bibel erzählt, ein Wal habe ihn verschluckt – ein schönes Bild dafür, dass dieser Prophet erst tief eintauchen musste in die Abgründe seines *Geistes*, bevor er weise werden konnte.

Wenn du tief in dich selbst eintauchst und dich ernsthaft fragst: »Wer bin ich?«, dann ist der große Wal in dir mächtig. Dann wirst du auftauchen, tief durchatmen und den Atem des Lebens durch dich fließen lassen.

VOM DELPHIN

Der Delphin ist anders als der Wal. Er taucht nicht in die Tiefe. Er ist ein Spieler. Alle paar Minuten kommt er an die Oberfläche und macht seine tollen Sprünge. Die Menschen lieben die Delphine. Jeder setzt sich für sie ein. Das ist schön, und es entspricht unserer Zeit. Wir spielen gerne, in die Tiefe aber trauen wir uns nicht.

Man sagt, die Delphine seien die klügsten Tiere. Sie sind klug, das stimmt. Aber das sind andere Tiere auch. Alle Tiere sind extrem intelligent. Und viele sind viel intelligenter als die Delphine. Der Adler hat den weitesten Blick, der Wal taucht am tiefsten, der Eisbär wandert am weitesten. Delphine sind dagegen wie die Kinder.

VON DER ROBBE

Wie du weißt, gibt es viele verschiedene Arten von Robben. Aber eines ist allen gemein: Sie lieben es, sich in der Sonne zu aalen und sich von ihr aufwärmen zu lassen. Darin gleichen sie den Menschen. Allerdings mit dem kleinen Unterschied, dass die Menschen maßlos sind. Bei den Robben ist das anders. Die Tiere kennen das Maß, das ihnen gesetzt ist. Und der *Geist* der Robbe versteht es, Maß zu halten. Wenn du den *Geist* der Robbe in dir hast, sorgt er für deine Balance. Er wird dafür sorgen, dass du die Schönheit und die Wärme der Sonne in einer gesunden Dosis zu dir nimmst. Er wird dir den Sinn für Harmonie und Stimmigkeit verleihen.

Wenn du jemandem begegnest, der Ausgleich und Harmonie zu stiften weiß, wirst du ihm die Gabe der Robbe geben und ihm damit sagen: »Du bist die Robbe. Du hast den Sinn für Balance. Jeder sollte dich kennen!« – Denn die wenigsten werden je ein Leben in Balance führen. Und umso mehr sind sie darauf angewiesen, Menschen zu begegnen, die den *Geist* der Robbe haben. Wenn du einen solchen Menschen triffst, dann frag ihn, was du tun musst, um ins Gleichgewicht zu finden.

VOM KARIBU

Das Karibu trägt ein stolzes Geweih. Jedes Jahr wächst es und wird schöner. Menschen, die die Qualität des Karibus haben, sind genauso. Sie wachsen ohne ihr eigenes Zutun. Sie müssen sich nicht sorgen, es fliegt ihnen alles zu. Sie leben in Fülle und Wohlstand. Gerade weil sie sich keine Gedanken darüber machen, wie sie zu Fülle und Wohlstand kommen. Das ist ihr Geheimnis. Sie halten die Energie nicht dadurch auf, dass sie sich den Kopf darüber zerbrechen, wie sie zu Wohlstand kommen. Sie lassen es fließen – und es fließt ihnen zu. Jedes Jahr wächst ihr Geweih, jedes Jahr wächst ihr Wohlstand. Sie machen ihr Herz auf und sie halten ihre Hände auf. Und sind dabei entspannt. Das ist alles.

Wenige Menschen werden je dorthin kommen, den *Geist* des Karibus in sich lebendig werden zu lassen. Sie machen sich Gedanken darüber, wie sie die Miete zahlen sollen, wo sie das Geld für den Urlaub herbekommen sollen. Sie entspannen sich nie. Und deshalb werden sie den *Geist* des Karibus nicht kennenlernen.

VON DER GANS

Die Gans ist kein Führer, und doch führt sie. Hast du schon mal den Flug der Gänse beobachtet? Ihr Flug richtet sich ganz nach der Energie der Luft, die von der Führungsgans erzeugt wird. Aber es ist immer eine andere Gans, die führt. Wenn eine Führungsgans müde geworden ist, rückt eine andere an ihre Stelle und übernimmt die Führung. Dann kann die Gans ausruhen. Wusstest du, dass Gänse im Flug schlafen können? Mal führen sie, mal lassen sie sich führen und entspannen sich dabei – ein wunderbares Gleichgewicht, das es ihnen erlaubt, Stunde um Stunde zu fliegen. Sie legen unglaubliche Entfernungen zurück. Den Sommer verbringen sie in der Polarregion, aber zum Überwintern fliegen sie in den Golf von Mexiko – 13.000 Kilometer. Sie können das nur, weil sie genau wissen, wann es Zeit ist zu führen und wann es Zeit ist, sich auszuruhen. Das ist eine große Qualität der Gans. Von ihr kannst du viel lernen.

Triffst du einen Menschen, der den *Geist* der Gans in sich hat, dann erkennst du ihn daran, dass er andere führt, obwohl er kein Führer ist – dass er wachsam ist und weiß, wann es Zeit ist zu führen und wann diese Zeit vorbei ist – dass er vorangeht, ohne je den Anspruch darauf zu erheben, eine Führungskraft zu sein. Wie viele, die für sich eine Führungsposition beanspruchen, haben in Wahrheit nichts vom *Geist* der Gans in sich! Um dir das klarzumachen, brauchst du dir nur deine Politiker anzuschauen. Sie meinen, führen zu können, nur weil sie gewählt wurden. Sie haben den *Geist* der Gans nicht in sich.

Menschen, die den *Geist* der Gans in sich haben, erkennst du außerdem daran, dass sie einen Sinn für Richtung haben. Sie kennen den Weg und können sich jederzeit orientieren – eine Qualität, nach der wir alle uns sehnen, die aber nur wenige entwickelt haben. Die meisten Menschen leben ihr Leben planlos vor sich hin.

Und du erkennst die Qualität der Gans an der Ausdauer eines Menschen. Weder lässt sich eine Gans vom Weg abbringen, noch gibt sie auf. Sie führt und sie folgt – sie geht voran und sie ruht sich aus. So überwindet sie die größten Entfernungen.

VON UNSERER VERANTWORTUNG FÜR DIE TIERE

Du möchtest wissen, was wir Menschen dafür tun können, die Qualitäten der Tiere und der *Animal Spirits* in uns zu entwickeln? Die Antwort ist einfach: Zeremonien! Zeremonien, die uns helfen, die Welt der Tiere zu verstehen. Zeremonien, die uns die Augen für die Schönheit der Tiere öffnen – die uns die Augen für den Sinn der Tiere öffnen. Zeremonien, die uns die Tiere wahrnehmen lassen. Denn nur wenn du die Tiere siehst – nur wenn du ihre Qualitäten erkennst –, wirst du begreifen, dass sie dein inneres Wesen spiegeln. Nur wenn du begreifst, dass sie dein inneres Wesen spiegeln, wirst du beginnen, den *Animal Spirit* in dir zu entfalten – aufzublühen und zu dir zu kommen.

Schau dir die Kinder an. Alle Kinder lieben Tiere. Sie erkennen mühelos die *Geister* der Tiere – und sie lassen sich von ihnen leiten. Sie lieben Geschichten von sprechenden Tieren – und es ist für sie ganz selbstverständlich, dass Tiere etwas zu sagen haben. Aber dann verlieren sie das Interesse daran; meist, ohne dass jemand ihre Leidenschaft für Tiere ernst genommen hätte – ohne dass jemand gesagt hätte: »Du liebst deinen Hund? Schau, das sagt uns etwas darüber, wer du bist!« Es ist wunderbar, wenn Kinder spielen, dass sie Tiere sind. Das gibt ihnen eine einzigartige Chance, sich selbst zu entdecken und dem *Animal Spirit* in ihnen Ausdruck zu verleihen. Aber das geschieht immer seltener. Anstatt Tier zu spielen, müssen sich unsere Kinder im Fernsehen dumme Geschichten von dummen Tieren anschauen, die ihnen nichts zu sagen haben.

Wenn wir die Tiere wirklich wahrnehmen, erkennen wir, dass sie unser inneres Wesen spiegeln.

Das ist auch der Grund dafür, warum es so wichtig ist, bedrohte Tierarten zu schützen. Stell dir vor, es gäbe keine Eisbären mehr auf Erden! Wie schwer würde es werden, den *Geist* des Eisbären in dir dann noch zu erkennen! Oder den *Geist* des Tigers, den *Geist* des Elefanten! Was wäre das für ein Verlust für die Menschheit! Wir würden uns selbst nicht mehr verstehen. Wir wüssten nichts mehr von dem Potenzial in uns. Und genauso ergeht es uns ja täglich. Täglich sterben Hunderte von Arten, ohne dass wir sie je erkannt hätten, ohne dass wir ihre Bedeutung für uns erkannt hätten. Das ist eine Tragödie, die uns selbst schadet.

Die Tiere wissen so viel, sie sind so intelligent. Ich bin ein Jäger. Wenn ich auf der Jagd bin, rede ich mit den Tieren. Ich erzähle ihnen von meiner Familie. Ich erzähle ihnen, was mir widerfahren ist. Und die Tiere hören mir zu.

VON DER SCHÖNHEIT DER PFLANZEN

Es gibt unzählige Pflanzen – aber sie alle haben nur eines im Sinn: Sie wollen ihrem Schöpfer zeigen, wie schön sie sind. Sie wollen ihrem Schöpfer Dank sagen für ihr Dasein. Du und ich – wir können von den Pflanzen lernen, was Dankbarkeit ist. Jede Blüte ist voll davon. Jede Blüte lädt dich ein, in ihren Dank einzustimmen.

Bei uns in Grönland sind die Pflanzen oft sehr klein. Manchmal kannst du kaum ihre Blüte erkennen. Wenn ich draußen in der Tundra bin, lege ich mich oft auf den Boden und betrachte sie. Ich schaue dabei zu, wie sich diese winzigen Pflanzen öffnen, nachdem sie monatelang von Schnee bedeckt waren. Dann höre ich das schlichte Lied ihrer Schönheit und Dankbarkeit. Und dann atme ich tief durch und stimme in ihren stillen Gesang ein.

VON DER HEILKRAFT DER PFLANZEN

Ich liebe es, in den Geruch einer Pflanze einzutauchen. Damit meine ich etwas anderes als das, was du tust, wenn du an einer Blüte schnüffelst, dich des Duftes erfreust und dann weitergehst. Was ich meine, ist ein echtes Sichversenken in den Duft. Wenn du dich wirklich in den Duft einer Pflanze versenkst, riechst du sofort ihre ganze Kraft und Energie – das, was man ihre Heilkraft nennt. Doch das erfordert Zeit und Übung. Die allerwenigsten machen sich heute die Mühe, eine Pflanze durch ihren Geruch verstehen zu lernen.

Dabei ist die Heilkraft der Pflanzen immens. Manchmal steckt sie in den Blüten, manchmal in den Wurzeln, manchmal in den Blättern, manchmal in den Früchten. Jede einzelne Pflanze schenkt uns verschiedene Heilkräfte. Jede Pflanze hält für uns ein Geschenk bereit, das sie uns bereitwillig gibt, wenn wir sie darum bitten. Deswegen ist es in unserer Kultur auch üblich, eine Pflanze zu fragen, ob sie dir erlaubt, sie zu pflücken oder zu ernten. Du kannst nicht einfach hingehen und sie ausrupfen. Du musst sie fragen und ihr deine Ehrerbietung zeigen. Ich habe alte Medizinmänner gesehen, die zunächst die Hände um eine Pflanze legten, um ihre Energie aufzunehmen und ihr für all ihre wunderbaren Gaben zu danken. Erst dann brachen sie sie.

Pflanzen geben uns Kraft und innere Schönheit, sie stimulieren unsere Sinne und bringen unseren *Geist* ins Gleichgewicht. Leider ist das Wissen davon weitgehend verloren gegangen. In Europa habt ihr die pflanzenkundigen Frauen Hexen genannt und sie umgebracht. Und auch bei den indigenen Völkern haben sich nur einige wenige Pflanzenkundige gehalten. Zur Zeit meiner Kindheit verstand bei uns daheim noch jeder die Sprache der Pflanzen.

Meine Mutter redete immer mit ihren Pflanzen. Jeden Tag. Und sie hatte davon reichlich. Überall im Haus waren Blumen. Sogar im kalten Winter blühten sie. Mutter beugte sich über sie, strich zart über ihre Blätter und sagte: »Oh, meine Schöne, wie geht es dir heute früh?« Sie wusste, dass sie ihr antworten würden – indem sie blühten und ihre Schönheit zeigten.

VON DEN MINERALIEN

Mineralien sind für die meisten Menschen Rohstoffe, die industriell ausgebeutet werden müssen. Wir denken an Gold und Eisen und Kohle – aber in Wahrheit ist das Reich der Mineralien viel größer. Der Schatz, den sie uns Menschen zu geben haben, ist viel reicher. Die Mineralien sind eng mit unseren Gefühlen verbunden. Sie können steinhart sein, aber in ihrer Härte spürst du die Macht ihrer Energie. Sie können kristallklar sein, und in ihrer Klarheit spürst du ihre Energie.

Viele Menschen bei euch im Westen kaufen Steine im Laden, weil sie hübsch anzusehen sind. Andere geben viel Geld für Diamanten oder Gold aus. Aber die wenigsten ahnen, was es eigentlich ist, das sie da kaufen. Denn sie haben die Zeremonien vergessen, die ihnen den Sinn für die Heilkraft der Steine geöffnet hätten.

Vom Gleichgewicht des Lebens

VOM SCHMELZEN DES EISES

Meine Großmutter Aanakasaa sagte: »Der Schnee ist ein weißes Tuch, das der Winter zärtlich über der Erde ausbreitet, damit sie ausruhen kann.« In meiner Heimat ruht die Erde schon seit langem. Der Schnee ist dort so alt, dass aus ihm eine dicke Eisschicht geworden ist. Doch das Eis schmilzt. Endlich entledigt sich Mutter Erde dieses schwer gewordenen Tuches. Nun, da sie es abstreift, wird Mutter Erde wieder lebendig werden. Ein neuer Frühling wird heraufziehen. Ohne dass die Menschen es bemerken, wird dort neues Leben entstehen, wo Tausende von Jahren nur Eis war.

Die Erde kennt kein Alter. Sie kennt keine Zeit. Sie ist. Und sie wird sich ihres weißen Tuches entledigen, sodass sie die Wärme der Sonne auf sich spüren kann. Wenn diese Zeit gekommen ist, wird sich die Prophezeiung erfüllen, dass Grönland ein Rosengarten sein wird.

Vorher wird es ungemütlich sein auf Erden. Wassermassen werden das Land davonspülen. Es wird wieder frieren und es wird wieder schneien. Doch langsam wird der Schnee schmelzen. Die Liebe und die Glut der Sonne werden das Eis auftauen. Mutter Erde wird zu neuem Leben erwachen und aus ihrem Schoß werden Rosen wachsen.

Jetzt ist diese Zeit gekommen. Ist das nicht unglaublich? Die Zeit ist gekommen, in der das Eis von Mutter Erde genommen wird. Die Tiere werden spielen, und Rosen werden wachsen. Rosen gedeihen nur dort, wo es keinen Frost gibt.

VOM WANDEL DER WELT

Ihr modernen Menschen glaubt, ihr seiet hoch entwickelt und zivilisiert. Doch auf meinen Reisen quer durch die Welt habe ich das Gegenteil festgestellt: Eure Handlungen und Pläne verraten nichts von Zivilisation. Sie verraten einen ungebremsten Egoismus. Bei euch denkt jeder nur an sich. Aber wenn du immer nur auf deinen eigenen Vorteil schielst, hast du keine Chance, die Schönheit der Menschen zu sehen. Wenn du die Schönheit der Menschen nicht siehst, wirst du dich nicht verändern. Du wirst nicht in der Lage sein, den *Geist* der Menschen zu beflügeln. Solange du aber den *Geist* der Menschen nicht beflügelst, werden die Menschen sich nicht mit den Augen der Liebe betrachten. Und genau das tut not. Und du bist not-wendig. Du kannst damit anfangen. Du kannst den Menschen mit offenem Herzen und in Liebe begegnen, so wie es bei uns seit Jahrtausenden üblich ist. Und du kannst ihren *Geist* heben und sie beflügeln, sodass Wandel geschieht.

Wir alle wissen, dass wir nicht mehr so weitermachen können wie bisher. Die Wirtschaft geht in die Knie. Das Finanzsystem kollabiert. Gleichzeitig wurde Barak Obama Präsident der Vereinigten Staaten. Wir applaudieren ihm und richten unsere Hoffnung auf ihn. Aber wir hören ihm nicht zu. Wir machen einfach weiter. Wir hören nicht auf damit, immer den gleichen alten Blödsinn zu machen. Dabei hat Obama recht: »Yes, we can change« – »Ja, wir können uns verändern!« Und wir müssen uns verändern. Es gibt nur diese eine Erde. Jeder ihrer sieben Milliarden Bewohner ist ihr Bürger. Jeder hat ein Recht, auf der Erde zu leben. Sie gehört allen. Es ist absurd, um Land zu kämpfen. Niemand kann sich anmaßen, Eigentümer der Erde zu sein. Wenn wir begreifen, dass wir alle Bürger dieser einen Erde sind, dann werden wir zusammenarbeiten – dann werden wir uns unterstützen – dann werden Glück und Wohlstand statt Krieg und Armut herrschen.

Wir müssen umdenken, wir müssen das Eis in unseren Herzen schmelzen. Es ist gar nicht so schwierig, wenn wir nur damit anfangen, nach uns selbst zu sehen. Wir können wirklich Bürger dieser einen Welt werden, wenn wir das globale Bewusstsein in uns selbst entdecken. Und mir scheint, dass wir Eskimos dabei Hilfestellung geben können. Denn wir haben seit Jahrtausenden unter den härtesten Bedingungen gelebt. Was wir der Welt heute geben können, ist unser Wissen darum, wie wir den *Geist* der Menschen beflügeln können: Wir können sie darin unterstützen, ihnen die Augen zu öffnen für die unglaubliche Schönheit, die uns alle umgibt – diese Schönheit, die wir entdecken können, wenn ein Mensch lächelt. Oder wenn Menschen gemeinsam lachen.

Meine Mutter sagte immer: »Lache nie über jemanden, sondern lache mit ihnen!« Denn wenn du über jemanden lachst, verletzt du ihn, aber wenn du mit ihnen gemeinsam lachst, dann beflügelst du euer aller *Geist*. Dieses gemeinsame Lachen haben wir verlernt. Könnten wir es für uns neu entdecken – die Welt würde wieder aufleben. Wir würden unser Gleichgewicht wiederfinden – und das Gleichgewicht der Welt.

Aber: Es ist zu spät. Wir können das Schmelzen des Großen Eises nicht mehr aufhalten. Es gibt nichts, was du und ich tun könnten. Es gibt nichts, was irgendjemand auf der Welt tun könnte. Das Eis wird verschwinden. Es ist eine Tatsache. Wir können diese Tatsache nicht ändern. Aber wir können uns selbst ändern. »Yes, we can!« – Nur: Wie geht das? Wie werden wir zu Menschen, die sich selbst zu ehren wissen – die andere zu ehren wissen – die die Natur zu ehren wissen? Wie fangen wir damit an?

Indem wir es tun. Du wirst dich ändern, wenn du die Natur ehrst. Du wirst dich ändern, wenn du die Schönheit des Landes zu sehen beginnst. Du wirst dich ändern, wenn du die Tiere achtsam und respektvoll behandelst. Du wirst dich ändern, wenn du deinen Mitmenschen mit Liebe und Herzlichkeit begegnest. Es ist ganz einfach. Alles hängt an deiner Bereitschaft – daran, dass du den ersten Schritt tust.

Bei einem Gespräch in New York sagte mir jemand: »Angaangaq, das ist zu simpel. So einfach geht es nicht.« Ich sagte: »Du hast recht. Aber wir sind es, die die Dinge verkompliziert haben. In Wahrheit ist es so einfach!« Es ist so einfach. Der Wandel beginnt nicht außerhalb von dir. Nicht in den Vereinten Nationen, nicht in den Regierungsgebäuden, nicht im Weißen Haus, nicht in den Parlamenten. Er beginnt hier – hier, in deinem Herzen. Nur dort. Nicht die Politik verändert die Welt. Die Menschen ändern sich. Erst wenn sie sich verändern, wird die Welt folgen.

Ich sage nicht, dass es keinen Streit oder Konflikt mehr geben wird, wenn wir uns von Herz zu Herz begegnen. Wir werden unterschiedlicher Meinung sein und verschiedene Positionen vertreten. Aber wir werden das in einem anderen *Geist* tun – in einem gehobenen *Geist* der Wertschätzung und Ehrerbietung. Wir werden nicht mehr allein auf unsere egoistischen Ziele blicken und versuchen, uns jeden nur mögli-

Wen du anfängst, das Eis in deinem Herzen zu schmelzen, veränderst du die Welt.

chen Vorteil zu verschaffen. Wir werden uns respektieren. Das ist es, was den Wandel ausmacht.

In der Weltgesellschaft von heute regieren Hochmut und Selbstüberschätzung. Jeder glaubt, den anderen übervorteilen zu müssen. Im Westen glaubt ihr, allen anderen überlegen zu sein. Aber dabei gelingt es euch noch nicht einmal, die globale Armut zu überwinden. Ihr macht eine schlechte Politik. Die wichtigsten Dinge des Lebens vernachlässigt ihr! Nur ein Beispiel: Ihr legt eure Bauernhöfe lahm und bezahlt Bauern dafür, dass sie ihre Felder brachliegen lassen. Aber ihr importiert Nahrungsmittel aus fernen Ländern. Ihr könntet in Westeuropa genügend Nahrungsmittel für die ganze Welt produzieren. Aber ihr tut das nicht mehr. Ihr habt den Bezug zu Mutter Erde verloren. Ihr habt den Bezug zur Natur verloren. Ihr habt den Sinn für die Harmonie des Lebens verloren. So geht es nicht mehr weiter. Ihr müsst euch ändern, wir müssen uns ändern. Fangt damit an! Heute noch!

Wir haben eine alte Prophezeiung. »Die Alten sagen: Einst wird kommen der Tag, an dem der Große Seeadler seine Schwingen hebt und von den Eisbergen herabsegelt. Dann wird ein frischer Duft wehen, in dem Wissen und Weisheit verbunden sind.« – Wie ich mich danach sehne, dass diese Prophezeiung sich erfüllt! Schon ahne ich den Geruch dieser neuen Zeit.

VOM WILLEN

In uns gibt es viele Energien. Die stärkste Energie ist die sexuelle Energie. Denn sie erschafft neues Leben. An zweiter Stelle kommt der Wille. Wir können so viele Dinge wollen – gute wie schlechte! Meistens jedoch wollen wir nicht das Gute. Meistens sind unsere Wünsche nicht gerade ehrbar. Woher ich das weiß? – Schau dir die Welt an: Menschen zögern keine Sekunde, aufeinander zu schießen, einander zu töten. Wenn immer ein Mensch gewaltsam umkommt, betrifft es Hunderte andere. Wir wissen das. Wir haben zahllose Kriege geführt. Und doch haben wir offenbar nichts gelernt. Wir glauben noch immer, wir könnten Frieden schaffen, indem wir töten. Aber das ist unmöglich. Ist das nicht verrückt? Obwohl wir wissen, dass es unmöglich ist, tun wir es doch. Unser Wille ist keineswegs immer vernünftig.

Genauso steht es um die Wirtschaft. Es gibt so viel Geld. Aber was tun wir damit? Wir machen wenige Menschen unvorstellbar reich, und Millionen andere unvorstellbar arm. Ich habe Afrika besucht. Ich habe gesehen, was wir Afrika angetan haben. Wir haben den Menschen dort alles genommen, sogar ihren *Geist*. Wir haben millionenfach gemordet. Wir haben so sehr gewütet, dass die Menschen sich dort heute gegenseitig umbringen. Und trotzdem glauben wir in der westlichen Welt, dass wir es gut gemacht haben – weil wir viel Geld erwirtschaftet haben. Weißt du, woher das Geld kommt? – Es kommt vom Öl und Gas aus Afrika, es kommt von der Ausbeutung der Wälder, der Diamanten- und Goldminen. Wir haben die Menschen in Afrika bestohlen – und uns dabei eingeredet, Gutes zu tun. Aber wir haben nichts Gutes getan. Wir sind nicht die Guten, die wir zu sein glauben. Wären wir die Guten, dann wäre Afrika heute ein Paradies.

Wir sind nicht die Guten, die wir zu sein glauben.

Und Afrika ist ein Paradies. Afrika ist der einzige Kontinent, der die Menschen noch ernähren kann. Australien stirbt, denn das Land vertrocknet; Südamerika stirbt, denn wir verbrennen die Wälder; Nordamerika stirbt, denn wir haben seine Böden ausgebeutet; Asien und Europa sind überbevölkert, sie können kaum die Menschen ernähren, die dort leben. Bleibt nur Afrika. Und ich frage mich: Werden wir den Menschen dort auch künftig alles nehmen? Oder werden wir unseren Wohlstand mit ihnen teilen? Glaubst du, dass wir das tun werden? – Ein Schamane würde es tun. Denn er lebt in Achtsamkeit und Bewusstheit. Diejenigen, die heimgekommen sind – die bei sich angekommen sind –, auch sie würden es tun. Denn sie haben gelernt, die Schönheit in den anderen zu sehen. Und wer die Schönheit in den anderen sieht, wird mit ihnen teilen. Er wird sie nicht länger bestehlen. Er wird das Gleichgewicht von Nehmen und Geben halten.

Wenn du bei dir angekommen bist, wird sich dein Wollen gewandelt haben. Nur wenn sich dein Wollen wandelt, wird die Welt sich ändern. Wenn du bei dir angekommen bist, wirst du deiner Intuition folgen. Du wirst nicht mehr überlegen, was du willst, sondern du wirst deinen inneren Impulsen vertrauen, ohne zu zweifeln. Ihr Menschen des Westens habt dieses Vertrauen in eure Impulse verloren. Weil ihr nicht bei euch zu Hause seid. Euch nach Hause zu bringen, sodass ihr eure Intuitionen entdeckt – das ist die Arbeit des Schamanen.

VOM ZUSAMMENHANG ALLES LEBENDIGEN

Vor einigen Jahren wurde ich von einer brasilianischen Bank eingeladen, für ihre Topmanager ein Seminar zu halten. Sie buchten mir einen First-Class-Flug nach Sao Paulo und steckten mich in ein wunderschönes Hotel. Als sie mich begrüßten, legten sie bei allem, was sie sagten, großen Wert darauf, dass sie nicht zu denen gehören, die das illegale Abholzen des Amazonas-Waldes finanzieren. Da schaute ich dem Präsidenten der Bank in die Augen und sagte: »Aha, das heißt, dass Sie kein Geld aus dem Milliardengeschäft mit Tropenhölzern machen.« Da wurde er still. Er schaute zur Seite. Wie sollte ich das verstehen? Wollte er damit sagen, dass er tatsächlich keinen Profit daraus schlägt, dass illegalerweise der Regenwald abgeholzt wird? Oder sagte er damit: »Wir können nicht hintanstehen. Wir können nicht die Einzigen sein, die keinen Profit daraus schlagen.«

Genauso leben die Menschen auf Erden. Ihre Sicht ist so eingeschränkt. Sie denken nicht darüber nach, dass jeder Baum, der im Amazonasbecken, im Kongo oder in Vietnam gefällt wird, es den Eskimos schwerer macht, ihre Iglus zu bauen. Die Temperatur steigt und das Eis wird zu weich. Natürlich: Das Amazonasbecken ist 17.000 Kilometer von Grönland entfernt. Aber gleichwohl: Das Abholzen der Wälder lässt das Eis weichen. Es gibt nur eine Welt. Und alles hängt voneinander ab.

Ebenso gibt es nur einen Ozean. Und der Ozean gehört uns allen. Jeder von uns ist verantwortlich für die Sicherheit aller. Aber wir leben nicht so. Wir glauben, es gäbe Arten, die wichtiger sind als andere. Aber so ist es nicht. Jedes Leben im Ozean ist wichtig. Jedes Leben ist wertvoll. Die alten Eskimos wussten das. Manchmal will mir scheinen, sie hätten die ganze Welt bereist. Vielleicht haben sie es ja tatsächlich getan. Jedenfalls wussten sie, dass es nur eine Erde gibt – und dass jeder für alles Leben auf dem Land und im Wasser verantwortlich ist; dass es jedem aufgetragen ist, die Balance des Lebens zu achten und zu wahren. Du fragst, wie das geht. Nun, der Weg dazu ist die Weisheit: Das Leben ist eine Zeremonie in sich selbst – wert, mit einer Zeremonie gefeiert zu werden. Wenn du so lebst, wirst du allmählich die Balance des Lebens wiederentdecken, die wir alle so dringend brauchen. Als Hüter dieser Erde bist du dazu berufen, die Harmonie des Lebens zu hüten.

Aber du musst das weise tun. Und das ist nicht leicht. Die wenigsten wissen, was Weisheit ist. Ein Beispiel: Die westlichen Tierschützer meinten es wirklich gut, als sie anfingen, Kampagnen zum Schutz der Robbenbabys durchzuführen. Aber sie haben es nicht gut gemacht. Sie hatten keine Ahnung vom Gleichgewicht des Lebens im hohen Norden. Sie wussten nicht, dass die Robbe so etwas ist wie das Schwein der Meere. Robben vermehren sich mit rasender Geschwindigkeit. Hört man auf, Robben zu jagen, schwellen ihre Populationen rasant an. Und das schafft Probleme. Denn um sich ihr Fettpolster anzufressen, brauchen Robben große Mengen von Dorsch. Können sie diesen Fisch nicht mehr jagen, fehlen ihnen wichtige Vitamine und Mineralien. Sie werden krank. Heute gibt es riesige Mengen kranker Robben im Norden. Viele verhungern. Gleichzeitig schwinden die Fischpopulationen. Eine ausgewachsene Robbe verschlingt täglich 175 Kilo Fisch. 40 Jahre lang. Alles gerät aus der Balance.

Das war anders, solange wir die Robben jagen durften. Wir achteten auf die Bestände, und den Tieren ging es gut. Jetzt haben die Tierschützer ein ökologisches Desaster angerichtet. Doch sie wollen nichts davon hören. Der weiße Mann ist gern ein Freund der Tiere. Aber er hat kein Verständnis von der Balance des Lebens auf Mutter Erde. So oft habe ich versucht, im Westen den Sinn für das Gleichgewicht des Lebens zu wecken! Vergeblich. Ihr kapiert es nicht.

Als sich vor einigen Jahren ein Braunbär nach Deutschland verirrte, habt ihr ihn gejagt wie einen Verbrecher! Gleichzeitig verbietet ihr den Eskimos, Robben zu jagen. Seid ihr von allen guten Geistern verlassen? Ihr tadelt die Eskimos dafür, dass sie Kleider aus Robbenfell tragen – aber ihr habt kein Problem damit, millionenfach Koffer und Taschen aus Rinds- oder Schweinsleder herzustellen. Euer Blick auf die Welt ist sehr eindimensional. Die Komplexität der Zusammenhänge entgeht euch. Ihr habt die einfachsten Dinge aus dem Blick verloren. Ihr seht die Kreisläufe des Lebens nicht mehr. Und deshalb könnt ihr euch auch nicht an sie anpassen.

Seid ihr von allen guten Geistern verlassen?

Aber ihr müsst das, wenn ihr überleben wollt: Nur wenn ihr das Eis in euren Herzen zum Schmelzen bringt, werdet ihr euch verändern können und anfangen, euer Wissen weise anzuwenden: so, dass Harmonie und Balance geachtet und bewahrt werden – in allem. Mutter Erde macht es vor. Schau hin!

VON DER KLUGHEIT DER TIERE

Die westliche Welt hat keinen Begriff mehr davon, was es mit der Welt der Tiere auf sich hat. Ihr habt ein paar Lieblingstiere, wie die Robbenbabys oder wie die Eisbären. Diese Lieblingstiere bewegen euch. Es rührt euch zu Tränen, wenn ihr seht, dass Robbenbabys erschlagen werden. Und ihr seid betroffen, wenn ihr hört, dass mit dem Schmelzen des Eises der Lebensraum für die Eisbären kleiner wird. Aber ich sage euch: Der Eisbär lebt seit Jahrtausenden im Norden. Er hat die Fähigkeit, sich dem Wandel anzupassen. Und genau das wird er tun. Also wird er überleben. Die meisten Menschen hingegen haben diese Fähigkeit nicht. Sie werden nicht überleben. Sie sorgen sich um die Eisbären, dabei sollten sie sich um sich selbst sorgen.

Die Ältesten sagen: »Mach dir keine Gedanken wegen der Eisbären! Sie werden sich anpassen, sie werden überleben. Kümmere dich um dich!« Denn du wirst dich nicht anpassen, so lange du nicht weißt, wie du dein Wissen weise anwendest. Der Eisbär ist in dieser Hinsicht klüger als du. Du kannst von ihm lernen. Beobachte die Eisbären! Folge ihrem Beispiel!

Die Eisbären ändern sich. Sie gehen mit der Zeit. Sie werden andere Tiere jagen. Sie tun das bereits. Sie stellen sich um auf ein anderes Leben. Natürlich werden nicht alle Tiere überleben. Manche Gattungen werden aussterben. Ebenso manche Pflanzen. Es werden diejenigen sein, die sich nicht anzupassen wissen. In den großen Gebirgen der Welt kann man das bereits beobachten. Manche Pflanzen dringen in immer größere Höhen vor, um ihren Lebensraum zu sichern. Aber irgendwann ist Schluss. Dann werden auch sie verschwinden.

VOM JAGEN

Wenn ich jagen gehe, dann tue ich das, um Nahrung zu beschaffen. Ich jage nicht, um zu töten. Im Gegenteil: Bevor ich ein Tier töte, frage ich es um seine Erlaubnis. Ohne seine Erlaubnis werde ich nicht auf das Tier schießen. Die Schusswaffe ist eine bedeutende Erfindung. Aber du darfst sie nie gebrauchen, ohne um Erlaubnis gefragt zu haben.

Du fragst, woher ich weiß, ob ein Tier mir seine Erlaubnis gibt. Ganz einfach: Alle anderen Tiere werden verschwinden, nur eines bleibt zurück. Dieses Tier gibt dir seine Erlaubnis. Du darfst es schießen. So ist es immer. Als Jäger findest du immer ein Tier, das auf dich wartet. Es ist so einfach. Aber ihr im Westen macht die Dinge so kompliziert.

Ich sehe noch meinen Vater. Bewegungslos und geduldig stand er auf dem Eis – neben dem Loch, durch das eine Robbe schlüpfen würde. Er stand dort und sprach zu den Tieren. Und er wartete, bis eines sich opferte und durch das Loch aus dem Wasser kroch. Dieses Tier hatte seine Erlaubnis erteilt.

Ich selbst war oft auf Wolfsjagd. Es gab einen schönen arktischen Wolf, den ich schon seit langem verfolgte. Auf ihn war ich aus. Ich fand seine Spur und folgte ihr mit meinem Schneemobil. Es dauerte nicht lange, da sah ich ihn in der Ferne. Ich fuhr langsam auf ihn zu, aber er witterte sofort die Gefahr. Es war zu erkennen, dass er schon öfter gejagt worden war. Er ergriff die Flucht. Und ich fuhr ihm nach. Ich wollte ihn nicht töten. Ich wollte ihm eine Frage stellen. Ich wollte von ihm wissen, wohin ich mich wenden solle, um ein Wolfsrudel zu finden. Und so jagte ich ihm nach. Er rannte um sein Leben, und ich musste sehr schnell fahren, um ihm auf den Fersen zu bleiben. Zuletzt holte ich ihn ein. Er schaute mich an, und ich spürte, dass er aufgeben würde. Da hielt ich an. Ich wollte mit ihm reden, aber er hatte zu viel Angst. Er trottete müde davon.

Als er etwa 200 Meter von mir entfernt war, rief ich: »Halt!« Und er blieb stehen. Er war erschöpft, aber er drehte sich um und schaute mich an. Da wusste ich, dass er bereit wäre, mit mir zu reden. Und ich schaute ihn an und sprach zu ihm. Ich bat ihn um Entschuldigung dafür, dass ich ihn mit dem Schneemobil verfolgt hatte – ein Rennen, bei dem er chancenlos war. Und ich sagte ihm, dass ich ihn nicht töten, sondern nur befragen wolle. Der Wolf senkte seinen Kopf und legte seine rechte Pfote in den Schnee. Da wusste ich, dass ich recht getan hatte. Er antwortete. Und er zeigte, dass es ihm gut ging. Zwar sagte er mir nicht, wo ich das Rudel finden könnte und ich ging leer aus. Aber so stimmte es. Ich hatte nicht den Ehrgeiz, als großer Jäger heimzukehren, der einen Wolf erlegt hatte. Für mich war das nicht wichtig. Für mich war wichtig, dass ich es stimmig mache: dass ich das Gesetz von Mutter Natur achte. Und deshalb jubelte mein Herz, als er zuletzt fortging – stolz und unversehrt.

Es verstößt nicht gegen das Gesetz des Lebens, auf die Jagd zu gehen. Es verstößt auch nicht gegen das Gesetz des Lebens, das Fleisch von Tieren zu essen, die wir gejagt und um ihre Erlaubnis gefragt haben. Gegen das Gesetz des Lebens verstößt aber die Art und Weise, wie die meisten Menschen heute Fleisch konsumieren. Wir nehmen daran Schaden, denn das Fleisch von Tieren, die massenhaft gehalten und industriell getötet wurden, ist nicht gut. Viele Menschen werden heute krank davon – nicht von dem Fleisch, sondern von der Angst der Tiere, die in das Fleisch eingedrungen ist.

Es ist nicht verkehrt, Fleisch zu essen. Mutter Natur hat es so eingerichtet, dass Tiere einander fressen – und dass Menschen das Fleisch von Tieren essen. Nicht das Fleisch als solches ist problematisch, sondern die Art, wie wir mit unseren Tieren umgehen. Wenn wir Tiere töten, ohne uns ihnen vorher zugewandt zu haben – ohne sie um Erlaubnis gebeten zu haben –, dann schüren wir in ihnen die Angst, die ihr Fleisch vergiftet. Und wir verleiben uns diese Angst ein. Dass ihr Menschen in Europa und Nordamerika so ängstlich seid, hat viel damit zu tun, wie die Tiere geschlachtet werden, deren Fleisch sie essen.

Und es hat damit zu tun, dass ihr zu schmecken verlernt habt. Mit etwas Achtsamkeit kannst du die Angst der Tiere schmecken. Wenn ich aufmerksam ein Steak esse, schmecke ich sofort die Angst des Rindes, dessen Fleisch auf meinem Teller liegt. Mein Vater war noch viel sensibler. Er konnte unmöglich das Fleisch einer Robbe essen, die im Netz gefangen war. Er konnte auch keinen Delphin essen, der mit dem Netz erbeutet wurde. Das Fleisch schmeckte ihm nicht. Es schmeckte nach Angst.

Andere Tiere mögen das. Ich habe einst den Orkas dabei zugesehen, wie sie Robben jagten. Mit ihren Schwanzflossen spielten sie Fußball mit ihnen, bevor sie ihre Opfer in ihrem riesigen Rachen verschwinden ließen. Das war ihre Art, die Tiere zu würzen. Denn sie mögen den Geschmack der Angst. Wir Menschen aber sind keine Orkas. Als Hüter und Wächter der Erde obliegt es uns, den Tieren die Angst zu nehmen, bevor wir sie töten. So bleiben wir im Einklang mit den Gesetzen des Lebens.

VOM SÜSSGRAS

Unsere Großmutter Aanakasaa war eine Meisterin darin, Körbe zu flechten. Sie brauchte sie, um darin Wasser zu tragen, Beeren und vieles andere. Das Gras, das sie dafür verwendete, heißt Süßgras. Niemand weiß, wie viele Arten von Gräsern es auf der Erde gibt. Aber ein Gras ist ganz besonders. Bei uns heißt es Süßgras. Man erkennt es daran, dass seine Oberfläche glatt und glänzend ist, sodass es in Dankbarkeit das Licht des Himmels reflektiert. Deshalb sagen wir, dass das Süßgras die Sprache des Schöpfers spricht. Und weil es einen wunderbar süßen Geruch verströmt, wenn es getrocknet ist. Man kann mit dem Süßgras vieles tun. Die meisten von uns aber sammeln und pflücken es, um es zu flechten. Und davon handelt die Lehre vom Süßgras, die unsere Großmutter erzählte.

Großmutter sagte: »Du und ich – wir sind zerbrechlich. So zerbrechlich wie ein Grashalm.« Und als sie das sagte, zerbröselte sie ein trockenes Gras mit ihren alten Fingern. »So zerbrechlich sind wir«, sagte sie. »So zerbrechlich ist dein Körper. Man braucht nicht viel, um ihn zu zerstören. Ein kleiner Sturz kann dir das Genick brechen. Ein kleiner Unfall, und dein Körper ist hin.« Aber sie sagte noch mehr: »Genauso zerbrechlich ist dein *Geist*. Du kannst dir zwar einreden, nichts könne dich brechen. Doch in Wahrheit ist dein *Geist* zerbrechlich, so zerbrechlich wie ein Grashalm.« Und es stimmt. Manchmal reicht ein strenger Blick, und du brichst innerlich ein. Oder jemand sagt dir: »Das sehe ich anders« – und all deine Selbstsicherheit ist hin. Du verteidigst dich, du willst recht behalten – und bist dabei schon innerlich eingebrochen.

Deshalb sagte Großmutter: »Wenn du dich selbst findest und mit dir im Einklang bist, wenn du deinen Körper, deinen Verstand und deinen *Geist* zusammenflechtest wie das Süßgras, dann wird dein Verstand beweglich. Dann wirst du die Meinung anderer akzeptieren können, dann wirst du andere gelten lassen und wertschätzen können. Ebenso wird dein *Geist* beweglich sein: Du wirst sagen: ›Ah, jetzt verstehe ich, was Muhammad lehrte; oh, jetzt erkenne ich die Schönheit in den Lehren des Moses; ja, ich spüre den Sinn in den Bräuchen der Hindus, der Buddhisten, der Christen …‹; denn nun ist dein *Geist* stark genug, um die Essenz im anderen zu erkennen. Und wenn dein Verstand und dein *Geist* beweglich geworden sind, dann wird auch dein Körper kräftig und fließend, flexibel und agil sein.« Was sie sagte, ist wahr. Ich habe es oft erfahren: Wenn dein Verstand und dein *Geist* beweglich sind und wenn sie mit deinem Körper gut verflochten sind, dann kannst du jeden Berg besteigen. Aber wenn dein Verstand voller Sorge und dein *Geist* voller Schwermut ist, dann wird dein Körper zu müde sein, um aufzusteigen.

> Wenn Verstand, *Geist* und Körper gut miteinander verflochten sind, kannst du jeden Berg besteigen.

Was uns das Süßgras lehrt ist: Sei mit dir selbst verflochten! Sei mit dir selbst in Balance. Für sich ist jeder Halm zerbrechlich, aber zu einem Zopf geflochten sind sie unzerbrechlich – und flexibel, beweglich, agil. Im Einklang mit dir selbst bist du unzerbrechlich und beweglich.

Wenn du nicht im Einklang mit dir bist, wirst du krank. Krankheit heißt: aus dem Gleichgewicht sein. Wenn du aber deinen Körper, deinen Verstand und deinen *Geist* zusammenflechtest und ins Gleichgewicht bringst, dann wirst du ein ganzes, gesundes Wesen. Dann wird dein Verstand so flexibel, dass du das Wissen und die Weisheit anderer anerkennen und akzeptieren kannst; dann wird dein Körper agil und beweglich, denn dann stimmst du mit dir selbst überein.

Wenn meine Großmutter uns vom Süßgras sprach, nahm sie zuletzt einen geflochtenen Strang in die Hand, hob ihn an die Nase und beroch ihn von allen Seiten. »Das ist die beste *Medizin*, um dich zu beruhigen«, sagte sie dann. »Wenn dein Herz rast, wird es dich wieder auf den Boden bringen. Wenn deine Nerven blank liegen, wird es dich beruhigen. Wenn dein Verstand keine Ruhe gibt, wird es ihn besänfti-

gen.« Das ist die Lehre eines einfachen Grases – des einzigen Grases, das die Sprache des Schöpfers spricht, indem es das Licht der Sonne in Dankbarkeit reflektiert.

VON DEN KRANKHEITEN

Es gibt Krankheiten des *Geistes* und es gibt Krankheiten des Körpers. Denn so wie dein Körper aus dem Gleichgewicht geraten kann, so kann auch dein *Geist* sein Gleichgewicht verlieren. Vor allem aber gibt es die Krankheit der Dissonanz zwischen *Geist* und Körper. Jede dieser Krankheiten kann geheilt werden. Jede auf eine andere Weise. Wenn du deinen Finger brichst, brauchst du einen guten Arzt, der dir den Finger richtet und schient – damit er wieder in seine Position kommt. Wenn dein *Geist* erkrankt, ist es nicht ganz so einfach. Da reicht es nicht, eine Schiene zu legen. Da brauchst du einen Arzt, der deinen *Geist* ins Gleichgewicht bringt. Schamanen sind solche Ärzte.

Als Schamane heile ich mit meiner Qilaut. Ich schlage sie, um dir eine stimmende Schwingung zu geben. Ihre Schwingungen durchdringen deinen Körper und richten ihn neu aus. Sie stimmen dich, damit du dein Gleichgewicht findest. Damit du mit dir und deinen Gefühlen ins Reine kommst. Alle Krankheiten des *Geistes* haben etwas mit deinen Gefühlen zu tun und mit deiner Beziehung zu anderen Menschen. Sie drücken sich auch körperlich aus, aber ihren Ursprung haben sie an einem anderen Ort. Wut, Angst, Frustration, Eifersucht: Diese vier Krankheiten des *Geistes* zerfressen deine Leber. Sie machen dich körperlich krank, auch wenn ihr Ursprung in deinem *Geist* liegt. Oder die Furcht: Die Furcht greift deinen Magen an. Deswegen geben deine Gefühle zuverlässige Hinweise, wenn du die Befindlichkeiten deines Körpers verstehen und heilen willst. Du musst wissen, was mit deinen Gefühlen los ist.

Dafür haben wir gute Helfer. Ich habe dir schon von den vielen verschiedenen Herzschlägen erzählt, die dir etwas über deine Gefühle sagen. Und von den verschiedenen Gerüchen: Jedes Gefühl hat einen anderen Geruch, an dem du erkennen kannst, wie es deinem Gegenüber geht. Das ist der Grund dafür, warum wir Eskimos uns mit den

Nasen küssen. Wir riechen unsere Lieben und erfahren dabei, wie es ihnen geht. Du kannst riechen, ob deine Liebste oder dein Liebster traurig ist, ob er fröhlich ist, niedergeschlagen, aufgeregt. Es ist schade, dass die meisten Menschen ihren Geruchssinn eingebüßt haben.

Genau wie der Herzschlag hilft dir auch der Geruch, dich besser kennenzulernen. Und genau darum geht es am Ende auch bei jeder Heilung: Wisse, wer du bist! Erkenne dich selbst! Denn wenn du dich selbst ergründet hast, wirst du an den Punkt kommen, an dem du erkennst: »Ja, ich bin es wert, nach Hause zu kommen. Ich bin wertvoll.« Dann liebst du dich selbst. Diese Liebe ist die beste *Medizin*. Sie heilt deine spirituelle Krankheit. Sie heilt die Krankheit deines *Geistes*. Sie bringt dich ins Gleichgewicht, in Harmonie, in Einklang. Wenn ich heile, sage ich den Menschen, dass ich nichts für sie tun kann, solange sie ihr Leiden nicht liebevoll annehmen – solange sie nicht annehmen, was immer ihnen widerfährt. Ohne dieses Annehmen kann Heilung nicht geschehen.

VOM HEILEN

Fast alle Krankheiten haben verschiedene Dimensionen. Fast immer betreffen sie den Körper und den *Geist*. Heilen bedeutet: in beiden Dimensionen das Gleichgewicht wiederherzustellen. Vor allem aber bedeutet es: das Gleichgewicht zwischen Körper und *Geist* wiederherzustellen. Für die Wiederherstellung des körperlichen Gleichgewichts haben wir unterschiedliche Erscheinungsformen der Medizin: Das kann die moderne westliche Medizin oder auch die klassische Medizin der Heilkundigen mit ihren Kräutern und Diäten sein.

Aber eine körperliche Medizin allein hebt nicht deinen *Geist*. Dafür braucht es die geistige, spirituelle Medizin der Schamanen und der Zeremonien. Sie erheben deinen *Geist*, und sobald dein *Geist* sich hebt, wird es auch deinem Körper besser gehen. Ein einziges Lächeln stärkt dein Immunsystem. Deshalb: Wenn du dich schneidest, lächle, sei gut zu dir, erhebe deinen *Geist*. Die Wunde wird heilen. Alles, was deinen *Geist* erhebt, wird dich gesund machen. Heilung bedeutet am Ende nichts anderes, als dir die Schwere und Beladenheit deines Inneren zu nehmen. Schau in die Welt. Sie ist schwer. Und sie ist krank. Ein Lächeln hilft, eine positive Einstellung kann alles in ein heilendes Licht rücken.

Ein einziges Lächeln stärkt das Immunsystem und erhebt deinen Geist.

Ich möchte dir dazu eine Geschichte erzählen: Vor vielen Jahren war ich auf einer Konferenz in Macao. Dort begegnete mir der Enkel des Schamanen des letzten chinesischen Kaisers. Er war ein winziges Männchen, verströmte aber eine unglaubliche Energie. Ich hatte ihn erst gar nicht wahrgenommen, nur seine starke Ausstrahlung gespürt, doch dann sah ich ihn am Ende eines Korridors. Dort stand er mit offenen Armen. Ich ging auf ihn zu, er nahm mich in seine Arme. So standen wir eine Weile. Ich legte meinen Kopf auf seine Schulter. Ich wusste nicht, wer er war; ich kannte nicht seinen Namen. Aber ich spürte seine Energie. Irgendwann erschien mein Übersetzer. Er wollte mich irgendwo hinbringen, aber ich hielt ihn zurück. Der alte Mann legte seine Hände auf meine Schultern und sagte: »Ich habe auf dich gewartet.« Du kannst dir die Irritation meines Übersetzers vorstellen. Er verstand nichts von alledem und traute seinen Ohren nicht, als der Alte zu erkennen gab, wer er ist.

Zuletzt lud er mich ein, ihn zu seinem Haus zu folgen. Es war ein winziges Haus, das nur aus einer kleinen Küche und zwei weiteren Zimmern bestand, in denen jeweils ein dreistöckiges Bett stand. Außer einem Fernseher waren dies die einzigen Möbelstücke. Der Mann bereitete den Tee – und dann begann er zu erzählen. Er sagte: »Ich komme aus einem Reichtum, den du dir nicht vorstellen kannst. Ich wurde in der Verbotenen Stadt geboren, denn mein Vater war des Kaisers letzter Schamane. Doch dann kam Mao. Er stellte meinen Großvater vor die Wahl: Entweder du stirbst oder du wirst umerzogen oder du gehst ins Exil. Mein Großvater schaute sich um und sagte: Exil. Doch niemand wollte ihn aufnehmen. Zuletzt fand er Zuflucht in Macao, das damals noch portugiesische Kolonie war. In Macao durfte er bleiben, doch er durfte sich nur in einem engen Bereich von einem Quadratkilometer bewegen. Dort wuchs ich auf, dort verbrachte ich mein Leben. Das war meine Welt.«

Mich hat diese Geschichte zutiefst berührt. Du hättest diesen Mann sehen sollen – diesen Mann, der den Großteil seines Lebens auf einem Quadratkilometer verbracht hat. Der das Meer von seinem Haus sehen konnte, es aber nie berührt hat. Dieser Mann trug eine unermessliche Liebe in sich. Er klagte die chinesische Regierung nicht an. Er klagte niemanden an. Er nahm sein Schicksal an, er sagte »Ja«. Von allen Menschen, die ich außerhalb meiner Familie bislang getroffen habe, war er der größte Schamane. Und ich habe viele Menschen getroffen. Er war wirklich, er war wahrhaftig. Er hatte die unermessliche Größe des Großen Himmels in sich. Und deshalb konnte er annehmen, was der EINE GROSSE ihm gegeben hat.

Ich habe diesen Mann nie vergessen. Er ist für mich zu einem Vorbild geworden. So wie er möchte ich eines Tages auch werden. Ich möchte diese Kraft und Stärke bekommen, all das anzunehmen, was mir gegeben wird – ohne zu fragen Ja zu sagen.

VON DEN DREI GEBETEN

Dein Körper braucht ein Gebet. Sein Gebet ist die Nahrung, die er aufnimmt. Dieses Gebet lässt deinen Körper stark und kraftvoll werden.

Dein *Geist* braucht ein Gebet. Sein Gebet ist ein Lied. Dieses Gebet erhebt deinen *Geist* und lässt dein Herz lächeln.

Auch deine Seele braucht ein Gebet. Ihr Gebet sind die Worte, die du an deinen Schöpfer richtest: deine Dankesworte für das Geschenk des Lebens, das er dir gab. Durch deine Worte verbindest du dich mit deinem Schöpfer. Niemand, und wirklich überhaupt niemand, wird je ohne die Verbundenheit mit seinem Schöpfer leben können. Aber die wenigsten von uns werden sich je dieser Verbundenheit mit ihrem Schöpfer bewusst. Denn niemand hat ihnen davon gesprochen. Niemand in der Schule, niemand daheim. Das ist der Grund dafür, dass so viele Menschen in der Dunkelheit gehen und ihr eigentliches Selbst nicht erkennen.

Durch diese drei Gebete kannst du zu dir selbst kommen. Dann wirst du aufrecht und kraftvoll gehen, so wie es deiner Bestimmung entspricht – jetzt und alle Zeit.

VOM BERÜHREN

Wenn Menschen zu mir kommen, weil sie Heilung suchen, tue ich manchmal nichts anderes, als sie zu berühren. Es gibt so viele Männer und Frauen, die nie in ihrem Leben berührt worden sind – die noch nie so berührt worden sind, wie sie gerne berührt werden möchten. Wenn ich sie dann berühre, spüre ich, wie sich etwas in ihnen bewegt. Ich spüre, dass sie nicht wussten, wie es ist, berührt zu werden. Weil sie nie jemand berührt hat.

Ich habe auch mit Menschen zu tun, die die Schönheit des Berührtwerdens kennen, die aber mehr davon wollen. Und nicht wissen, wie und wo sie mehr davon bekommen. Denn die Welt, in der sie leben, hat für Berühren und Berührtwerden keinen Platz. Sie leben in einer dunklen Welt, in der es schwer ist, kraftvoll und leuchtend zu sein.

Ihr Menschen des Westens lebt in einer solchen Welt. Kaum dass ihr euch grüßt, wenn ihr euch begegnet. Ihr lebt in Dunkelheit – voller Angst, was die anderen wohl über euch denken könnten. Ihr verbergt eure Schönheit – vor euch selbst und vor anderen. Deshalb könnt ihr sie nicht sehen. Deshalb lasst ihr euch nicht berühren. Und deshalb wagt ihr es nicht, andere zu berühren.

Meine Mutter nahm die Menschen in den Arm. Wildfremde Menschen. So schmolz sie das Eis in ihren Herzen. Einfach, indem sie sie berührte. Im Berührtwerden liegt Heilung. Lass dich berühren! Und wage es zu berühren!

VOM HEILEN DER ERDE

Wir alle haben den Kontakt zur Erde verloren. Wir haben den Kontakt zur Tierwelt verloren. Du kannst es überall sehen. Vor allem in Europa. Ihr Europäer habt die Idee, ihr müsstet die Tiere schützen, aber ihr versteht nichts vom Gleichgewicht der Tierwelt. So schützt ihr Tierarten, die sich dann ungehemmt vermehren und das Gleichgewicht zerstören. Ebenso habt ihr die Idee, ihr könntet neue Pflanzen schaffen. Durch Genmanipulation und Züchtung. Aber ihr bedenkt nicht, dass ihr dadurch das Gleichgewicht von Mutter Erde stört. Ihr begreift nicht die Konsequenzen eures Tuns. Ihr seht nicht, dass ihr die Vielfalt zerstört und dadurch der Erde ihre Schönheit raubt. Ihr vergewaltigt die Erde in jeder Hinsicht. Für nichts.

Doch die Alten sagen: »Mutter Erde ist so stark, dass sie alles übersteht. Sterben jedoch werden die Menschen, die sich nicht anzupassen vermögen.« Die Erde wandelt sich fortwährend, sie hat dies immer getan und wird es immer tun. Der Mensch wird nur bestehen, wenn auch er sich wandelt. Wenn er sich Mutter Erde anpasst. Uns mit Mutter Erde zu verbinden, ist deshalb das Beste, was wir tun können: für uns genauso wie für die Erde. Wir heilen uns und wir heilen die Erde, wenn wir mit ihr verbunden sind.

Und wie können wir die Verbindung zu Mutter Erde herstellen? Indem wir das Eis in unseren Herzen schmelzen. Nur dann werden wir uns verändern und beginnen, unser Wissen weise anzuwenden.

Das ist unsere Verantwortung. Wir sind eingesetzt als die Hüter und Wächter der Erde. Wir haben diesen Job nicht gut gemacht. Dabei hätten wir von allen anderen lernen können. Die Tiere führen keine Kriege gegeneinander. Die Pflanzen bringen einander nicht um. Die Mineralien bekämpfen sich nicht. Nur wir Menschen tun dies. Wir töten, wir zerstören. Dabei sollten wir die Wächter und Hüter der Erde sein. Nein, wir haben unseren Job nicht gut gemacht. Wir haben

alles durcheinandergebracht – einschließlich unserer selbst. Deshalb: Wenn wir die Erde heilen wollen, müssen wir uns heilen. Wir müssen den Kontakt zur Erde wiederherstellen. Diese Aufgabe kann uns niemand abnehmen. Niemand kann sie *dir* abnehmen.

VON DER GÖTTIN DES MEERES

Die unendliche Weite des Ozeans ist das Haus der Göttin des Meeres. Hast du von ihr gehört? Eine alte Geschichte erzählt von ihr. Vor langen Jahren lebten ein Mann und eine Frau mit ihrer Tochter in einem kleinen Haus am Meer. Als nun die Zeit gekommen war, dass das Mädchen heiraten sollte, sträubte sich das Mädchen. Sie war sehr wählerisch. Viele stattliche junge Männer kamen in ihr Haus, doch keiner wollte ihr gefallen. Eines Tages aber kam ein Mann, von dem ihre Eltern sehr angetan waren. »Das ist er«, flüsterten sie ihr zu, aber sie zierte sich noch immer. Und so ging die Zeit dahin, bis zuletzt endlich einer erschien, bei dem sie glaubte, den Mann fürs Leben gefunden zu haben. Sie folgte ihm und zog mit ihm in die Ferne. Nach Jahren machte sich ihr Vater auf den Weg, um sie in ihrer neuen Bleibe zu besuchen. Ihr Gatte war außer Haus, denn er war auf der Jagd. Da fiel das Mädchen ihrem Vater um den Hals und bat ihn, er möge sie mit nach Hause nehmen. Doch ihr Vater sagte: »Nein. Du bist verheiratet. Du musst dich um deinen Mann kümmern.« Und er verließ sie.

Zu Hause angekommen, erzählte er seiner Frau von dem Wunsch ihrer Tochter und davon, dass er ihn abgelehnt hatte. Seine Frau gab ihm recht. Doch als er nach einiger Zeit erneut seine Tochter besuchte, ereignete sich die gleiche Szene. Die Tochter bat ihren Vater inständig, er möge sie mitnehmen, doch er verneinte es wieder. Als er aber das dritte Mal zu ihr kam, sprang das Mädchen ins Boot ihres Vaters. So groß war ihr Wunsch, ihren Mann zu verlassen und zu den Eltern zurückzukehren. Und so nahm ihr Vater sie mit.

Als sie auf das Meer hinausgerudert waren, zog schlechtes Wetter auf. Ihr Boot geriet in schwere Not, und es gab für die beiden nur ein Entrinnen: Entweder der Vater oder die Tochter mussten sich in die Fluten stürzen, damit der andere gerettet werden könnte. Der Vater wusste, dass seine Frau ohne ihn, den Jäger und Ernährer, nicht leben könnte. Das Mädchen – seine Tochter, die er so sehr liebte – hatte einen Gatten, von dem sie davonlief. Er würde auch ohne sie leben und sich eine neue Frau nehmen können. Nur einer könnte überleben: Das Mädchen ist kein Jäger, sie kann die Mutter nicht ernähren. In diesem Kampf stieß der Vater sie hinaus ins eisige Wasser. Denn andernfalls müsste er sterben und seine Frau ebenso. Das Mädchen klammerte sich ans Boot, aber der Vater schlug auf ihre Finger, sodass sie im Ozean versank. Er sah noch, wie ihr langes Haar sich in alle Richtungen im Meer ausbreitete und die Fluten durchdrang. Dann war sie verschwunden. Das Unwetter legte sich und das Meer wurde ruhig. Der Vater konnte zu seiner Frau zurückkehren. Die Tochter aber wurde zur Göttin des Meeres.

Eines Tages kam ein Schamane zum Meer, um sie zu besuchen. Sie klagte ihm, dass sie ihr Haar nicht kämmen könnte, weil ihre Finger zertrümmert waren. Also übernahm er es, ihr das Haar zu kämmen. Und da er es tat, gab das Meer alles Leben frei. Die Wale tummelten sich in ihm und die Robben stiegen aus ihm heraus. Und auch die Fische konnten sich wieder frei bewegen, ohne sich im Haar der Göttin zu verstricken.

So kam es, dass durch das Kämmen des Haares der Meeresgöttin sich die Menschen vom Meer ernähren können. Denn das ist die Weisheit des Meeres: In ihm lebt eine Göttin, die die Macht hat, alles, was in ihm ist, zurückzuhalten – die aber auch die Macht hat, alles, was in ihm ist, freizugeben. Und es liegt an uns, ob sie es gut meint oder nicht. Es liegt an uns, ob wir den Ozean gut oder schlecht behandeln.

Nur wissen die wenigsten, was sie zu tun haben – was es heißt, das Haar der Meeresgöttin zu kämmen. Und deshalb gibt es bei uns die Zeremonie, dass ein Schamane sich auf die innere Reise begibt, um der Göttin des Meeres das Haar zu kämmen. Er muss dafür nicht zur Küste fahren. Er kann diese Reise überall antreten. Nur setzt das voraus, dass er tief, tief in die tiefsten Tiefen des Meeres hinabtaucht und die Göttin des Meeres gut behandelt.

Ich habe diese Reise mehrfach unternommen. Ich bin dabei in eine gänzlich andere Welt hinabgetaucht – an Orte, die du normalerweise nie aufsuchen würdest.

Die Göttin des Meeres beherrscht aber nicht nur das Leben. Sie ist auch die Herrin über das Wissen. Wusstest du, dass der Ozean der Hort des Wissens ist? Alles Wissen ist im Ozean. Aber wir Menschen können im Ozean nicht leben. Er ist so kalt, und er ist so tief. Wir sehen nur die Oberfläche des Ozeans und wir halten uns an sie. Aber Vorsicht! Der Ozean ist hungrig. Er will sich alles Wissen einverleiben. Seine Wellen, mit denen er scheinbar friedlich am Strand spielt, wollen dich fangen. Er will dein Wissen. Und oft genug hat er Erfolg.

Der Ozean birgt alles Wissen, ist Ende und Anfang.

Oft genug ertrinken Menschen. Und wann immer ein Mensch in seinen Fluten versinkt, ist er glücklich, weil er neues Wissen dazugewonnen hat. Er ist unersättlich. Deshalb sterben so viele Menschen im Wasser. Und wenn er einmal einen Menschen und sein Wissen verschlungen hat, gibt er es nicht mehr her. Es verfließt. Du kannst es nicht mehr halten. Deshalb bestatten wir unsere Toten nicht zur See. Sie würden uns dort entschwinden. Auf dem Land, an ihrem Grab, kannst du ihre Energie spüren. Dort lassen sie neues Leben gedeihen – umgeben von Gras und Blumen. Beim Gesang der Vögel. Der Ozean dagegen nimmt alles.

Umgekehrt geht aber auch alles Leben aus dem Ozean hervor. Er nimmt und gibt. Er ist Tod und Leben, Ende und Anfang. Nichts existiert getrennt von anderem. Alles ist mit allem verbunden. Immer schließt sich der Kreis.

Vielleicht kennst du die alte Geschichte von Noah – die Geschichte von der Sintflut. Damals verschlangen die Wasser alles menschliche Wissen. Nur so war ein neuer Anfang möglich. All das ruht im Ozean. Aber auch alle Weisheit. Davon bekommen wir eine Ahnung, wenn die Sonne auf seinen Wellen glänzt und das Licht über ihm tanzt und flimmert – dann ahnen wir, welches Wissen und welche Weisheit in seiner Tiefe ruhen. Dann ahnen wir, wie viel es in dieser Welt zu wissen und zu lernen gibt, von dem wir keinen Schimmer haben.

Wer an diese Schätze herankommen möchte, muss hinabtauchen in das Haus der Meeresgöttin. Er muss ihr Haar kämmen. Das aber kann nur ein Schamane. Denn nur er weiß, wie wir mit dem immensen Ozean des Wissens umgehen können. Er weiß, dass es nicht genügt, alles Wissen zu haben – sondern dass wir unser Wissen weise anwenden müssen. Wenn wir unser Wissen nicht weise gebrauchen – welchen Nutzen hat es dann für uns? Gar keinen.

Du fragst, was du tun kannst, das Wissen weise anzuwenden? – Du weißt es doch schon! Schmelze das Eis in deinem Herzen! Nur wenn wir das Eis im Herzen der Menschen schmelzen, hat der Mensch die Chance, sich zu ändern und sein Wissen weise anzuwenden. Die Weisheit wohnt in unseren Herzen, in deinem Herzen, in meinem Herzen.

VOM WALROSS

Das Walross taucht tief hinunter ins Meer. Bis auf den Meeresboden. Dort unten ist es dunkel. Deshalb pflügt es den Meeresboden mit seinen mächtigen Zähnen. Und so stöbert es alles auf, was im Ozean versunken ist – alles Wissen. Das Walross gräbt es aus, sodass es aufsteigen kann wie die Luftblasen, die das Walross erzeugt. So kommt das Wissen an die Oberfläche, wo es im Sonnenlicht funkelt und glänzt. Dem Walross sei Dank. Es leistet uns große Dienste.

Wenn du jemanden siehst, der die *Medizin* des Walrosses trägt, dann habe Ehrfurcht vor ihm. Es ist ein Mensch, der in der Tiefe das Wissen zu ergründen vermag.

VON FEEN, TROLLEN UND ZWERGEN

Als du ein Kind warst, fühltest du dich verbunden mit dem Tierreich. Du verstandest die Sprache der Tiere und die Tiere verstanden dich. So war es auch, als die Menschheit noch jung war. Wir verstanden die Welt, wir sahen sie mit anderen Augen. Doch je älter wir wurden – je älter du wurdest –, desto mehr verloren wir den Blick für die anderen Wesen. Nicht nur für die Tiere. Auch für all jene Wesenheiten, von denen unsere Märchen und Mythen erzählen: jene Wesenheiten, mit denen Menschen nur noch in Kinderbüchern umgehen. Feen, Trolle, Zwerge, sie alle gibt es. Sie hat es immer gegeben. Aber wir haben die Fähigkeit eingebüßt, sie zu sehen. Dabei könnten wir so viel von ihnen lernen. Sie haben ein unglaubliches Wissen. Doch es gelingt uns nicht, mit ihnen in Kontakt zu treten. Wir versuchen es nicht einmal. Wir haben den Glauben an sie verloren und sie zu Kinderbuchfiguren gemacht.

Was können wir tun? Uns mit der Erde verbinden. Den Weg in die schamanische Welt antreten. Schamanen suchen, die uns den Weg weisen – Schamanen, die die Sprache der Wesenheiten verstehen.

Die Zeiten des Lebens

VON DEN JAHRESZEITEN

Meine Großmutter Aanakasaa legte immer größten Wert darauf, dass wir verstehen, was es mit dem neuen Jahr auf sich hat. Dafür muss man wissen, dass wir nicht den gregorianischen Kalender kennen. Unsere Zeitrechnung folgt dem Mond. Und sie orientiert sich an den Jahreszeiten. Wenn der lange Winter zur Neige geht und das Licht zurückkehrt, erzählte uns Großmutter die Geschichte vom neuen Jahr. »Woran erkennt ihr das neue Jahr?«, fragte sie. »Was geschieht, wenn das neue Jahr heraufzieht?« Und dann sagte sie: »Wenn die Sonne zum ersten Mal wieder auf den Bauchnabel von Mutter Erde scheint« – damit meinte sie den Nordpol –, »dann kommt das neue Jahr. Und das Zeichen, an dem ihr erkennen könnt, dass dieser Tag naht, ist die Rückkehr der Schneeammer (Snowbunting).« Und deshalb lobte sie einen Preis aus für denjenigen, der im Frühjahr als Erster eine Schneeammer erblicken würde. Ich bin heute noch stolz darauf, dass ich zweimal gewonnen habe.

Und dann erzählte Großmutter mit unendlicher Liebe die Lehre der vier Jahreszeiten: »Mit dem Herbst«, sagte sie, »geht die Zeit der Fülle vorüber. Er schafft den Raum für Mutter Erde, damit sie sich ausruhen kann. Wenn du nicht vorbereitet bist auf den Herbst in deinem Leben, wird dich der Winter in tiefe Verzweiflung stürzen!« Und dann sprach sie vom Winter. Sie erzählte, dass der Winter unsere Mutter Erde mit einem weißen Tuch bedeckt – mit einem wunderschönen, zarten weißen Tuch, unter dem sie ruhen darf. Sie sagte: »Eines Morgens wirst du aus tiefem Schlaf erwachen. Du wirst die schneebedeckten Berge sehen, die aussehen, als seien sie über Nacht gealtert. Ihre Haare sind weiß geworden – ganz so wie die Haare der Ältesten um uns herum mit ihrem weißen Haar. Doch dann werden Stürme aufziehen, denen niemand standhalten kann. Die Winde wehen und wehen, bis nichts mehr sichtbar ist – weder innen noch außen. Wenn diese Winde wehen, wirst du nicht mehr wissen, wohin du deine Schritte lenken sollst. So ist der Winter in deinem Leben.«

Die meisten Menschen werden vom Winter ihres Lebens überrascht. Der Winter bricht ein und sie sind nicht vorbereitet. Sie glauben, sie könnten ewig jung sein. Sie haben Angst vor dem Winter – vor den Stürmen, vor dem Eis. Und es ist wahr: Der Winter ist ungemütlich. Aber wenn du ihn mit anderen Augen siehst, verliert er seinen Schrecken. Wenn du den Schnee als das schöne weiße Tuch siehst, das über Mutter Natur ausgebreitet wird, musst du dich nicht länger vor ihm ängstigen.

Vom Frühling sagte meine Großmutter: »Wenn die Sonne zurückkehrt und den Kampf mit der Dunkelheit des Winters aufnimmt, beginnt ihre kraftvolle wunderbare Wärme, den Schnee und das Eis zu schmelzen, Tropfen für Tropfen. Es ist, als würden die eingefrorenen Tränen von Mutter Erde erlöst werden …« Und dann folgt endlich der Sommer. Er ist die kraftvollste Zeit im Leben. Im Sommer leben wir im Freien. Als Kinder verbrachten wir jeden Sommer draußen auf dem Land, zusammen mit den neugeborenen Tieren. Wir beobachteten sie, wir spielten mit ihnen, wir lernten sie kennen. So lernten wir das Leben, so lernten wir, wer wir sind. So lernten wir den Weg nach Hause.

VON DEN VIER LEBENSALTERN

Das Leben beginnt im Osten. Von Osten kommt die Morgendämmerung. Dort wurdest du geboren. Von dort kommst du, von dort kommen wir alle. Daran erinnern wir uns und dorthin wenden wir uns, wenn wir die Zeremonie der Schwitzhütte feiern. Bei dieser Zeremonie richten wir uns zunächst nach Osten und gedenken der Kinder – der lebenden und auch derer, die noch geboren werden. Rede zu ihnen und bete, dass sie nicht all das durchmachen müssen, was du und deine Vorfahren durchmachen mussten. Denn das Leben der Alten war nicht einfach. Und dein Leben ist auch nicht immer leicht. Also bete, dass unsere Kinder und Kindeskinder ein besseres Leben haben mögen.

Danach wende dich nach Süden. Im Süden steht die Sonne hoch am Himmel. Das Leben ist jung und sorglos. Alles wächst und gedeiht. Bete dafür, dass unsere Kinder das Leben genießen mögen. Weißt du noch, wie es war, als du jung warst? Du warst voller Leben, voller Entdeckungslust, voller Wissbegier und Sehnsucht. Aber andere haben diese Erfahrung nie gemacht. Für diese Menschen bete: dass auch sie auf diese Weise vom Leben berührt werden.

Weiter wende dich nach Westen. Dorthin, wo die Sonne untergeht. Der Abend ist die Zeit der Reife. Du bist erwachsen geworden. Du hast Verantwortung übernommen. Du sorgst für den Lebensunterhalt der Deinen. Du sammelst und bereitest die Nahrung, du gehst auf die Jagd, du bebaust das Land. Du ernährst deine Familie. Das sind wichtige Aufgaben. Mit dem Gesicht nach Westen bete dafür, dieser Verantwortung auf eine gute Weise gerecht zu werden – dass du immer weißt, was du tust.

Zuletzt kehre dich nach Norden, zur Nacht. Dort gedenke der Alten und des Alters. Das Alter ist dafür gemacht, die Früchte unseres Lebens zu genießen, die Geschichten zu erzählen, die wir erlebt haben.

Das Alter ist dafür gemacht, von denen umgeben zu sein, die du liebst – und von denen, die dich lieben; von denen, die deinen Geschichten zuhören. Denn du wirst über große Erfahrung verfügen, die du weitergeben möchtest. Doch die Ältesten sagen: »Jeder Mensch wird alt. Aber werden du und ich allein alt werden?« Und ihre Antwort ist: »Ja, die meisten von uns werden im Alter allein sein.« Warum? Weil du und ich es versäumt haben, unsere Kinder so aufzuziehen, dass sie im Alter für uns sorgen werden. Die meisten von uns werden in einem Altersheim oder einer Seniorenresidenz ihren Lebensabend verbringen. Wenn es gut geht, werden deine Kinder dich dort ein- oder zweimal im Jahr besuchen. Für mehr wird es nicht reichen, denn sie sind beschäftigt und leben ihr eigenes Leben.

Dann aber wirst du begreifen, dass du etwas falsch gemacht hast. Denn niemand wird da sein, um dir zuzuhören. Niemand wird sich für deine Geschichte interessieren, die du zu erzählen hast. Und dir wird klar werden, dass du etwas versäumt hast, als du nach Osten gewandt warst und deine Kinder geboren wurden. Damals hättest du für sie beten sollen. Du hättest ihnen helfen sollen, in Freiheit und Freude spielen zu können, wenn die Sonne im Zenit stehen wird – und damit sie ihren Ort gefunden haben werden, wenn der Tag sich zu neigen beginnt und sie in der Verantwortung für sich und die anderen stehen: für die Jungen da zu sein und für die Alten zu sorgen.

Wenn du alt bist, ist es wichtig, dass jemand deinen Geschichten zuhört.

Und so bete nach Norden gewandt für die Alten: dass es Menschen gibt, die für sie da sind. Bete für deine Kinder: Mögen sie so heranwachsen, dass sie für dich sorgen, wenn du alt bist. Doch kümmere dich auch um sie; dann werden sie von sich aus den Wunsch verspüren, später für dich zu sorgen – dann werden sie von sich aus zu dir kommen und dich bitten, ihnen vom Leben zu erzählen. Allein, die meisten Kinder werden dies nie tun. Die meisten Menschen werden alt werden und es wird niemanden geben, dem sie ihre Geschichten erzählen können. Niemand wird ihnen zuhören. Bete für diese Menschen – und bete für dich, dass deine Kinder im Alter um dich sein mögen.

VOM TOD

Das Leben hat keinen Anfang. Und es hat kein Ende. Damit etwas Neues lebendig wird, muss etwas Altes sterben. Mein Vater hat mich das gelehrt. Er erzählte, dass er einst, als er draußen in der Wildnis umherzog, Gräber entdeckt habe. Er sei zu den Gräbern getreten und habe sich gefragt, wer die wohl seien, die dort begraben liegen. Da stellte er fest, dass eines der Gräber leer war. Er fuhr zusammen, denn er ahnte: »Dieses Grab ist für mich!« Er war weit draußen, ganz allein. Nirgends ein Mensch. Da beschloss er, dass es an der Zeit ist, mit seinem Schöpfer zu reden. Er fragte ihn: »Möchtest du, dass ich mich in dieses Grab lege?« Der Schöpfer antwortete ihm: »Mhmh.« Er fragte weiter: »Wird meine Liebste sich meines Lächelns erinnern? Wird sie sich an die Schönheit erinnern, die mich umgab, wenn ich ihr sagte, dass ich sie liebe? Wird sie sich an den Klang meiner Stimme erinnern, wenn ich ihr von meiner Liebe erzähle?«

Da antwortete ihm der EINE GROSSE: »Glaubst du wirklich, dass man dich vergessen wird, wenn du im Grab liegst? Ist es das, wovor du Angst hast?« – »Ja«, sagte mein Vater, »ich habe Angst davor, von allen vergessen zu werden.« Da erwiderte der EINE GROSSE: »So lange, wie das Gras auf deinem Grab wächst, und so lange, wie ein kleiner Vogel über dem Grab singt – glaubst du, wirst du vergessen werden? Nein, niemals wirst du vergessen werden. Immer wirst du in Erinnerung bleiben. Das Gras, das auf deinem Grab wächst, und der kleine Vogel, der auf deinem Grab singt: Sie sind Zeichen dafür, dass du von mir niemals vergessen wirst. Andere Menschen mögen dich einst vergessen. Doch dein Schöpfer wird immer deiner gedenken.«

Für mich ist das ein großer Trost. Ich weiß, dass das Leben enden wird. Ich weiß, dass man mich begraben wird. Und ich weiß, dass die meisten Menschen mit der Zeit in Vergessenheit geraten werden. Aber in seiner endlosen Weisheit sagt der Große: »Das Gras wird auf

deinem Grab wachsen, die Blumen werden auf deinem Grab blühen, und die Vögel werden auf deinem Grab singen – das sind meine Zeichen dafür, dass ich dich nie vergessen werde.«

Wenn du das verstanden hast, wird der Tod dich nicht länger schrecken. Er wird zu einem Teil deines Lebens. Und du wirst aufrecht und kraftvoll in die andere Welt schreiten können. Wenn alles getan ist, wird der Schöpfer dich willkommen heißen. Blumen werden blühen. Und die Vögel werden singen. Was mehr können wir wollen? Es gibt nichts zu fürchten.

VOM STERBEN

Die Alten meines Volkes sagen: »Du und ich – wir wissen nicht, wann wir sterben werden. Aber mit Hilfe unserer Familie werden wir klaren und wachen Geistes durchs Leben gehen. Und wir werden wissen, dass es nichts gibt, wovor wir uns ängstigen müssten – nichts, absolut nichts. Wir wissen nicht, wann wir sterben werden; doch wir wissen, dass wir vor dem Tod keine Angst haben müssen.« Warum? Weil wir eingebunden sind in das große Rad des Lebens, das keinen Anfang und kein Ende hat. Weil wir mit allem verbunden sind in dem großen Netz des Lebens. Es gibt kein Leben ohne Tod.

Und doch sind wir schwankende Wesen. Beim letzten Atemzug packt dich die Angst – die Angst, du könntest wie ein Lufthauch dahinschwinden und nichts von dir hätte Bestand. Wenn diese Angst dich packt, dann hast du nicht gelernt, aufrecht und kraftvoll durchs Leben zu gehen. So herrlich und männlich, wie mein Vater es tat. Als er auf dem Sterbebett lag, fragte er die Familie, die sich um ihn versammelt hatte: »Geht es euch gut?« Wir hielten uns alle an den Händen, und meine Mutter antwortete ihm: »Liebster, allen hier geht es gut.« Mein Vater öffnete nicht mehr die Augen. Er sagte nur: »Ich bin glücklich, das zu hören.« Und meine Mutter sagte: »Nun bist du bereit.« Mein Vater lächelte. Das war das Ende. Er ging aufrecht in die andere Welt – so, wie er sein ganzes Leben gegangen war. Und wir alle bezeugten sein Gehen.

Genauso meine Mutter. Als sie auf dem Sterbebett lag, öffnete sie noch einmal die Augen und sagte: »Ah, ihr seid alle da.« Dann fragte sie: »Geht es euch allen gut?« Nun war es an meinem ältesten Bruder zu antworten. Er sagte: »Ja, Mutter. Allen geht es gut.« Sie antwortete: »Danke.« Das war ihr letztes Wort.

So wie mein Vater und meine Mutter sind Generationen von Menschen im Norden in die andere Welt gegangen: im Kreise ihrer

Liebsten, im Wissen, ein gutes Erbe zu hinterlassen. Sie gingen aufrecht und kraftvoll – so, wie es ihrer Bestimmung entspricht, jetzt und allezeit. Sie wussten nicht, wann ihre Zeit kommen würde. Doch sie gingen aufrecht und kraftvoll. So aus dem Leben zu scheiden – das ist die Essenz des Sterbens. Um das zu lernen, hast du ein Leben lang Zeit. Bete für dich, dass du einst so gehen wirst, wenn alles getan ist.

Ich weiß nicht, in welcher Verfassung ich sterben werde. Ob ich glücklich sein oder mich in Ängsten winden werde. Aber ich weiß, wie ich heute zu gehen habe: aufrecht und kraftvoll. Das ist das Entscheidende. Das nimmt mir die Sorge. Das lässt mich geraden Blickes dem Ende entgegengehen.

Ihr Menschen in der westlichen Welt habt das verlernt. Ihr unternehmt, was ihr nur könnt, um dem Tod nicht ins Antlitz blicken zu müssen. Weil ihr euch so sehr vor dem Tod ängstigt, gebt ihr Milliarden Euro oder Dollar aus, um am Leben zu bleiben. Ihr habt eine ganze Welt aufgerichtet, um dem Tod auszuweichen. Ist das nicht verrückt? Sagt das nicht alles über die Begrenztheit eurer Kultur? Ihr habt verlernt, die Schönheit der Sterbenden zu sehen. Und so habt ihr verlernt, das Leben als ein Fest zu feiern. Bedenke: Das Leben ist eine Zeremonie – wert, mit einer Zeremonie gefeiert zu werden. Auch angesichts des Todes.

Wir Eskimos feiern eine Zeremonie, wenn ein Mensch gestorben ist. Wir feiern ein Fest. Wir lachen, wir singen und tanzen. Vor allem aber erzählen wir Geschichten aus dem Leben des Verstorbenen. Es ist dabei egal, unter welchen Umständen er gegangen ist – ob seine Familie zugegen war oder ob er bei der Jagd verunglückt ist. Wir feiern und gedenken seiner. Und freuen uns darüber, dass wir ihn kannten. Bis dann der Älteste in der Runde sagt: »Hab eine gute Reise!« Das ist die Zeremonie, mit der wir unsere Toten ehren.

Als mit den Kolonialherren die Missionare in unsere Dörfer kamen, wollten sie uns diese Zeremonien austreiben. Sie wollten, dass wir auf die Knie fallen und unsere Toten in der Kirche beweinen. Das hat uns in große Verwirrung gestürzt. Natürlich kennen auch wir die Trauer, wenn ein geliebter Mensch von uns geht und wir alleine zurückbleiben. Aber bei uns tritt diese Trauer zurück hinter die Freude des Gedenkens und der Erinnerung. Und hinter die Liebe.

Nur wenn Freude und Liebe fehlen, übermächtigt uns der Schmerz. Nur dann sinken wir in die Knie. In der westlichen Welt geht es den meisten so: Sie sinken darnieder, wenn der Tod sie berührt. Warum? Weil sie das Leben nicht als ein Fest verstehen und es deshalb verlernt haben, die Schönheit im Leben der Verstorbenen zu sehen.

Die Menschen des Nordens haben für ihre Tradition gekämpft. Sie wollten nicht dazu gezwungen werden, in den Kirchen zu weinen. Dort gab es keine Schönheit. Dort gab es nur Tränen. Dort gab es keinen aufrechten Gang, nur ein Niedersinken. Doch wenn du dich der Schönheit im Leben des Verstorbenen erinnerst, dann richtet sich dein *Geist* auf. Aus seiner Schönheit fließt dir Kraft zu. Du spürst seine Gegenwart. Dann kannst du atmen.

Statt in Trauer zu versinken, können wir uns an die Schönheit im Leben des Verstorbenen erinnern.

Ohne Schönheit können wir nicht leben. Erst recht nicht angesichts des Todes. Deshalb ist es so wichtig, den Tod zu feiern, statt in Trauer zu versinken. Und deshalb ist es so wichtig, die Erinnerung an die Schönheit der Verstorbenen zu pflegen.

Wenn du eines unserer Häuser betrittst, wirst du darin die Bilder der Verstorbenen finden. Wenn du im Kreis einer Familie bist, wirst du Geschichten von ihnen erzählt bekommen. Du wirst fröhliche Anekdoten hören und es wird herzlich gelacht werden. Vielleicht wird man dir ein Geschenk zeigen, das der Verstorbene hinterlassen hat. Denn so ist es bei uns der Brauch: Auf dem Sterbebett überreicht der Sterbende jedem der Versammelten ein kleines Geschenk. Und jedes Mal, wenn du dieses Geschenk in die Hand nimmst und einem anderen Menschen zeigst, lebt der *Geist* des Verstorbenen auf. Wenn ich meine Schwester besuche, wird sie das Geschenk hervorholen, das unsere Mutter ihr auf dem Sterbebett gab. Dann werde ich es in die Hand nehmen und an die Brust halten. Und sogleich ist der *Geist* unserer Mutter gegenwärtig. Wir blicken uns an und lächeln. Dann gebe ich es ihr zurück und sie sagt: »Ah, unsere liebe Mutter!« Und wir reden von ihr, erzählen uns Geschichten. Immer wieder andere, immer wieder neu. Meine Mutter ist dabei. Ihre Gegenwart ist spürbar.

Der Tod gehört mitten ins Leben. Es ist nicht gut, ihn zu verdrängen. Wir Eskimos leben im ständigen Bewusstsein des Todes. Deshalb ist das Andenken an die Toten bei uns nicht an bestimmte Tage gebunden. Es gehört zum täglichen Leben. Es findet an jedem beliebigen Ort und zu jeder beliebigen Zeit statt. Es richtet uns auf. Erinnere dich: Das Leben ist eine Zeremonie. Feiere es, indem du der Toten gedenkst. Dann werden sie kommen und mit dir feiern.

VOM NORDLICHT

Wenn ein Mensch in die andere Welt gegangen ist, wirst du ihn wiedersehen. Als tanzendes Nordlicht am Himmel. Wenn du der Toten gedenkst und ihnen aus der Tiefe deines Herzens ein Lied singst oder ihnen eine stille Weise pfeifst, werden sie kommen. Die Seele, derer du gedenkst, wird so glücklich sein, dass sie sogleich ihre ganze Familie, all ihre Freunde und alle ihre Bekannten einlädt, um gemeinsam zu tanzen: als leuchtender Reigen am nördlichen Himmel. Dann wirst du ihrem Tanz beiwohnen. Sie werden dir so nahe kommen, dass du sie beinahe berühren kannst. Du wirst sie sogar hören, denn die Polarlichter erzeugen Töne. Es gibt nichts Schöneres als diesen Reigen. Es gibt nichts Schöneres, als so aus der tiefsten Tiefe deines *Geistes* die Seelen der Menschen zu ehren, die vor uns gegangen sind.

Sei nicht betrübt, wenn du in einer Gegend der Welt lebst, wo du sie nicht am Himmel tanzen siehst. Pfeife ihnen gleichwohl ein Lied – ein stilles Lied, ein intimes Lied, ein Lied, das dich mit ihnen verbindet. Sie werden da sein. Und sie werden tanzen. Denn sie haben nur einen Wunsch: den Wunsch, dass man sich an sie erinnert. Wenn du ihrer auch nur für einen kurzen Moment auf ehrliche Weise in Liebe gedenkst, machst du sie glücklich.

Bedenke: Die nächste Welt ist nicht weiter von dir entfernt als die Länge deines Armes. Die Toten sind immer da. Sie schauen immerzu auf uns. Wir sind diejenigen, die nicht wissen, wie wir sie ansehen können. Wir wissen nicht, wie wir sie berühren können. Doch in der Tiefe deines *Geistes* weißt du, dass sie nicht weiter entfernt von dir sind als das Buch, das du in Händen hältst.

VOM KREISLAUF DES LEBENS

Leben und Tod sind ein und dasselbe. Es ist ein ewiger Kreislauf. Er hat keinen Anfang und er hat kein Ende. Wann immer ein Mensch in die andere Welt übergeht, wird ein neues Wesen geboren. Das Neugeborene wird dann den *Geist* des Verstorbenen übernehmen, sodass das Leben weitergeht. Das Alte stirbt nicht, es lebt fort. Es lebt fort in Gestalt seiner Geschichten und seines Wissens. Beides überdauert die leibliche Existenz. Das ist etwas anderes als die Vorstellung von Reinkarnation und Wiedergeburt, die wir aus vielen Religionen kennen. In der Eskimo-Tradition gibt es das nicht. Es gibt bei uns einen alten Witz, der sagt, dass die Eskimos nicht an die Wiedergeburt glauben, weil sie Angst haben, als Mücke wiedergeboren und dann ständig von den Menschen gejagt zu werden.

Vor vielen Jahren war ich Gast bei einer Fernsehsendung in den USA. Es ging um die Kunst des Heilens. Dort hatte ich die Ehre, einem tibetischen Lama zu begegnen. Wir kamen ins Gespräch, und er fragte mich, ob wir Eskimos an die Reinkarnation glauben. Ich sagte ihm: »Ja, wir tun das. Aber es gibt einen Unterschied. Wir glauben nicht daran, dass wir eine neue, körperliche Existenz antreten werden. Aber wir glauben, dass wir in den Geschichten der Menschen weiterleben, und in der Erinnerung des Schöpfers.«

Unendlich viele Geschichten trägt jeder Einzelne von uns mit sich. Im Westen würdet ihr sagen: Die ganze Information der Vergangenheit und der Ahnen ist in uns. Manch einer kann diese Information ins Bewusstsein bringen. Dann glaubt er, schon einmal in der Vergangenheit gelebt zu haben. So entsteht die Vorstellung einer Wiedergeburt. Doch ich glaube nicht, dass dieser Mensch damals schon einmal inkarniert war. Ich glaube, dass er die Geschichten von damals – die Information – in sich trägt. Ich selbst weiß, dass ich Geschichten aus dem 16. Jahrhundert in mir trage. Ich habe damals nicht gelebt, doch die

Information ist in mir. Ist das nicht aufregend? Wenn ich sterbe und mein Körper verfällt – dann werden all die Geschichten, die ich in mir trage, fortbestehen. Diese Geschichten sind teilweise uralt. Seit Tausenden von Jahren haben Menschen sie weitergegeben. Und ich bin einer von ihnen. Und meine eigene Geschichte ist nun unlösbar mit ihnen verbunden. Wenn ich eines Tages sterbe, werden diese Geschichten nicht einfach »gelöscht« werden, sondern ein Kind wird geboren werden, das all diese Geschichten und all dieses Wissen weiterträgt und weitersagt. So wird es meinen *Geist* ehren, und so werden die alten Geschichten lebendig bleiben. So wird mein *Geist* fortleben, auch wenn mein Körper verfällt.

Physisch werde ich nicht noch einmal leben. Ebenso wenig wie ich physisch im 16. Jahrhundert gelebt habe. Doch die Geschichten, die ich in mir trage, stammen teilweise aus dieser Zeit. Und die Geschichten, die ich erlebe und die meine eigene Geschichte ausmachen, werden weitere 400 Jahre lebendig bleiben. Denn wir Eskimos glauben, dass eine Geschichte sieben Generationen überdauert. Manche der Geschichten, die ich in mir trage, sind tatsächlich sieben Generationen alt. Und sieben künftige Generationen werden meine Geschichten mit sich führen. Das heißt: Der Einfluss meiner Vorfahren hat eine Reichweite von 14 Generationen. Das ist eine lange Zeit. Und deshalb fühlt sich jeder von uns dazu angehalten, alles dafür zu tun, dass das Erbe gewahrt und gut weitergegeben wird. Wir haben eine große Verantwortung gegenüber den Vergangenen ebenso wie gegenüber den Künftigen.

Wir sollten deshalb ein Leben führen, das wirklich wert ist, gelebt zu werden. Vergiss nicht: Das Leben ist eine Zeremonie in sich selbst – wert, mit einer Zeremonie gefeiert zu werden.

Dein Leben ist ein Geschenk. Es ist dir nicht einfach nur gegeben, damit du damit spielst und Spaß daran hast. Es ist dir zum verantwortlichen Umgang anvertraut. Und es ist dir gegeben, damit du in ihm den *Geist* der Verstorbenen ehrst.

Stell dir vor: Ich stehe in der grönländischen Tundra. Das Gras ist gefroren, und ich berühre die Haut von Mutter Erde. Dabei spüre ich die ganze Energie derer, die dieses Land bewohnt haben. Ich spüre die Nähe meiner Großmutter, die 1893 geboren wurde – und deren Geschichte im Jahr 2009 noch immer lebendig ist. Verstehst du: Meine Großmutter hat nicht einfach nur gelebt und ist dann irgendwann gestorben. Sie hat eine Geschichte. Und diese ihre Geschichte lebt nach ihrem Tod weiter. Genauso ist es bei jedem anderen Menschen. Ein jeder hat eine Geschichte. Und ein jeder muss sich der Geschichten seiner Vorfahren würdig erweisen. Das gibt dem Leben Sinn.

Ich weiß: Die Generationen von Menschen, die mein Land bewohnt haben, lebten nicht umsonst. Sie haben gelebt, damit nichts untergeht. Sie haben gelebt, damit die Geschichten lebendig bleiben, damit die *Geister* lebendig bleiben, damit die Zeremonien lebendig bleiben. Jeder Mensch, der geboren wird, steht dafür in der Verantwortung. Doch die meisten Menschen haben das Bewusstsein für diese Verantwortung verloren.

Wenn ich einst sterbe und begraben werde, dann werden die Tiere meinen Körper fressen. Und diese Tiere werden von anderen Tieren gefressen werden. Wenn diese Tiere sterben, werden ihre Überreste den Pflanzen zur Nahrung dienen. Und dann wird eine kleine Blume auf meinem Grab blühen. Die Vögel werden kommen und ihre Schönheit besingen. Ich werde nicht sterben. Der Schöpfer wird sich immer meiner erinnern.

VON GEBURT UND SCHWANGERSCHAFT

Wenn eine Geburt ansteht, ist das für uns immer ein Grund zu feiern. Schon im Mutterbauch wird der neue Erdenbürger begrüßt. Ich besuche dann die Mutter und singe ein Lied für ihr Baby. Dann gehe ich zu ihrer Familie und sage den Menschen, dass bald jemand Neues unter uns sein wird – und dass dieses neue Wesen den *Geist* von einem Vorfahren mitbringen wird. Natürlich fragen sich dann alle, wer es wohl sein wird, der da kommt. Alle schauen sie nach der jungen Mutter, die mit ihrem wunderschönen runden Bauch so glücklich lächelt; und nach ihrem stolzen Ehemann – immer mit der Frage: »Wer ist es, den wir so freudig erwarten? Wer bist du, der unter uns wandeln und uns seine wunderbare Geschichte erzählen wird? Wer wirst du sein, wenn du erwachsen geworden bist? Wie tief wird deine Geschichte sein? Welche Taten wirst du verrichten?« Es gibt nichts Aufregenderes!

Verstehst du? Eine schwangere Frau ist nicht einfach nur schwanger. Sie ist eine Frau, die eine große Verantwortung trägt: die Verantwortung für einen *Geist*, der in der Vergangenheit vieles bewirkt hat und der in der Zukunft großen Einfluss auf das Kind und seine Familie haben wird. Deshalb feiern wir mit ihr während der Schwangerschaft unsere Zeremonien. Deshalb singen wir für ihr Baby. Deswegen berühren wir das Baby und reden mit ihm. Deshalb sagen wir ihm, dass wir uns auf es freuen. Denn jedes, wirklich jedes Baby ist ein Geschenk. Jedes Baby ist ein Geschenk, das einen *Geist* in die Welt trägt.

Wenn es dann zur Geburt kommt, versammelt sich die ganze Familie. Alle schauen bei der Geburt zu. Die Frauen in Grönland gebären im Stehen, mit beiden Füßen fest verwurzelt in Mutter Erde. Wenn es so weit ist, kniet der Vater sich vor ihr nieder und fängt das

Baby auf. Dann dürfen alle Anwesenden es berühren. Das Baby geht von Hand zu Hand, dann wird die Nabelschnur getrennt und die Mutter empfängt das Neugeborene an ihrer Brust. Nun wird der *Geist* des Kindes sichtbar. Bei der Geburt erwacht er zum Leben. Und sogleich erkennen die Menschen, wer es ist, der angekommen ist. Dann liegt es in der Verantwortung der Eltern, dafür zu sorgen, dass das kleine Wesen gut aufwächst, damit der *Geist* sich und sein Wissen entfalten kann – damit die Geschichten, die er mitbringt, lebendig werden; ja: damit diese Geschichten immer kraftvoller und mächtiger werden – wie ein Baum, der sich prächtig aus seinen Wurzeln aufrichtet.

Bei der Geburt erwacht der Geist des Kindes zum Leben.

Wenn erkennbar geworden ist, welcher *Geist* in dem neuen Erdenbürger zurückgekehrt ist, geben die Eltern dem Kind einen Namen. Sie rufen die Familie zusammen und taufen es auf den Namen desjenigen, dessen *Geist* sie in ihrem Baby erkennen. Als die Missionare kamen, wollten sie, dass wir dem Neugeborenen kaltes Wasser auf die Stirn tropfen. Das war es, was sie Taufe nannten. Aber diese Taufe führt dazu, dass die Babys weinen. Das ist nicht der Sinn der Taufe. Der Sinn ist es, dass der *Geist* des Babys aufgerichtet wird. Es geht darum, einen Vorfahren zu ehren, indem wir seinen Namen an das Baby weiterreichen. Und es geht darum, das Kind zu feiern, indem wir ihm einen Namen geben. So kann sein *Geist* wachsen und aufgehen.

Früher konnte es häufig geschehen, dass ein Kind bei der Geburt stirbt. Die Menschen sagten dann: »Ein Vorfahr ist gekommen, um uns zu besuchen. Nur für wenige Augenblicke.« Verstehst du? Es hat nicht einfach nur eine Todgeburt gegeben. Es hat uns jemand besucht. Das war es wert, dass die Mutter ihn neun Monate im Bauch trug. Neun Monate war der Vorfahr bei ihr. Für die Mutter ist das ganz wichtig. Sie muss nicht niedersinken. Sie muss nicht in Depression verfallen. Sie weiß: Es war jemand bei ihr zu Besuch. Und so preist sie die Zeit ihrer Schwangerschaft.

VON DEN WURZELN

Alle Wesen haben Wurzeln: Menschen, Tiere, Pflanzen, sogar die Steine und Felsen. Sie alle haben Wurzeln. Doch bei den Pflanzen sind die Wurzeln besonders gut sichtbar. Bei ihnen kannst du das Wunder der Wurzel bestaunen. In meiner Heimat im Norden ist der Boden permanent gefroren. Der Permafrost gräbt sich teilweise 15 Meter tief in die Erde. Und trotzdem gibt es dort Pflanzen. Sie treiben ihre Wurzeln durch die gefrorene Erde hindurch – 15 Meter und mehr. An der Oberfläche sind sie heftigen Stürmen ausgesetzt. Schnee und Eis. Felsen können auf sie herabfallen. Und doch leben sie. Weil ihre Wurzeln stark sind. Sie leben und wachsen. Sie wachsen, um zu blühen. Das ist ihr Gebet. Um dieses Gebetes willen kämpfen sie sich durch Eis und Fels, durch Lehm und Sand, durch Schnee und Stein. Aus den Wurzeln fließt ihnen Energie zu. Mit den Wurzeln sind sie mit dem großen Leben verbunden.

Die Steine und Felsen haben ihre Wurzeln in Mutter Erde. Sie sind herausgestoßen aus den Bergen, und ihre Wurzeln reichen bis tief hinein in die Mitte der Erde. In der Pflanzenwelt sind die Wurzeln weit ineinander verwoben. Die Wurzeln geben den Pflanzen ihre Beständigkeit. Und aus der dafür gefühlten Dankbarkeit schenken sie dem Schöpfer das Schönste, was sie haben: ihre Blüten. In der Tierwelt reichen die Wurzeln jedes einzelnen Wesens weit hinab in die Vergangenheit ihrer Entwicklung. Die Tiere wissen genau, welche Aufgabe ihnen von Mutter Erde zugewiesen ist, und sie erfüllen diese Aufgabe so gut, weil sie mit ihren Wurzeln im Kontakt sind.

Und dann ist da noch der Mensch. Auch seine Wurzeln reichen tief in seine Herkunftsgeschichte – doch ist er das einzige Wesen, das seine Wurzeln verloren hat. Denn viele Menschen heute haben das Bewusstsein für ihre Wurzeln eingebüßt; und damit

Wenn du kraftvoll durchs Leben gehen willst, werde dir deiner Wurzeln bewusst!

auch das Bewusstsein für ihre Geschichte – und für das Wissen, das uns aus unseren Wurzeln zufließen könnte. Und also wandern sie durch die Welt, immer auf der Suche nach etwas, das besser wäre als die Welt von gestern. Dagegen ist auch gar nichts einzuwenden – solange die Menschen dabei nicht von den Wurzeln ihres eigenen Seins getrennt sind.

Du brauchst deine Wurzeln. Meine Großmutter Aanakasaa wurde nicht müde zu sagen: »Du musst gut verwurzelt sein, damit du aufrecht und kraftvoll durchs Leben gehst – so wie es deiner Bestimmung entspricht, jetzt und allezeit.«

Deshalb feiern wir die Zeremonie der Wurzeln. Wenn ich im Herbst die Dörfer und Siedlungen im Norden besuche, gehe ich mit den Menschen hinaus aufs Land und zeige ihnen Pflanzen. Ich erzähle ihnen von diesen Pflanzen. Dann bekommt jeder die Aufgabe, eine bestimmte Pflanze zu finden und mit den Wurzeln auszugraben. Ich trage ihnen auf, wenn sie zu graben beginnen, ihrer Vorfahren zu gedenken – sich ihrer zu erinnern, sie zu verinnerlichen. Dann gehen sie in Stille und Schweigen hinaus. Manche nehmen die Zeremonie nicht ernst. Sie graben schnell und unachtsam. Sie zerbrechen die Wurzeln, weil sie schnell fertig sein wollen. Doch für andere ist es ein ernstes Geschäft. Sie sind einen ganzen Tag lang damit beschäftigt, sich auf diese eine Pflanze zu konzentrieren: sie zu suchen und vorsichtig auszugraben – ohne sie zu brechen oder ihre Wurzeln zu beschädigen. Dabei kann es sein, dass die Wurzeln der Pflanze 20 Meter lang sind. Manchmal wächst sie unter Steinen, manchmal im Permafrostboden. Manchmal braucht man einen Spaten oder eine Axt, um an sie heranzukommen. Vor allem aber braucht es viel Sorgfalt, um sie unbeschädigt auszugraben und heil nach Hause zu bringen.

Aber das ist nicht das Entscheidende. Wenn du an dieser Zeremonie teilnimmst, dann kommt es darauf an, in ihrem Verlauf herauszufinden, wer du bist: dass du beim Graben an dich denkst, an deine Mutter und deinen Vater, an deine Großeltern und deren Vorfahren.

Deine Wurzeln haben so viele Verästelungen wie der Strom des Lebens, aus dem du geboren wurdest. Auf diese Weise erinnern sie dich an deine Herkunft – und daran, dass du die Blüte am Ende dieses langen, gewundenen Strangs des Lebens bist. Verstehst du? Ich feiere diese Zeremonie mit dir, damit du verstehst, wer du bist; damit du erkennst, wie du mit deiner Familie verbunden bist – und wie du in der Welt stehst.

Es ist eine kraftvolle Zeremonie, die dir Mut macht, dir selbst zu begegnen. Darum geht es bei meiner Arbeit als Schamane: Jedem Menschen die Gelegenheit zu geben, sich selbst zu begegnen. Erinnere dich: Es gibt Tage, an denen du deinen Vater nicht ausstehen kannst; es gibt Tage, an denen du deine Mutter nicht leiden kannst; es gibt Tage, an denen magst du deine Großeltern und Vorfahren nicht – oder du hast die Kenntnis von ihnen verloren und weißt nicht einmal mehr ihre Namen. Wenn du nach der Pflanze gräbst, fallen sie dir wieder ein. Du kehrst zu deinen eigenen Wurzeln zurück und verstehst, welchen Einfluss deine Vorfahren auf dich haben. Du bist ihr Gewächs. Du kannst sie verurteilen, aber damit verurteilst du immer auch dich selbst. Du kannst sie dafür tadeln, dass sie Kriege geführt haben, aber wozu? Du kannst auch die Menschen in ihnen sehen, die genau wie du Musik hörten und sich an schönen Dingen freuten. Gedenke dieser Seiten an ihnen und sie werden dich stärken und kräftigen – ganz so, wie die Wurzel, die du ausgegraben hast, dich stärken wird.

Ich habe erlebt, wie am Abend einer Wurzel-Zeremonie ein Mann mit einer 42 Meter langen Pflanze ins Camp zurückkehrte. Er hatte gut zehn Stunden gegraben, um ihre Wurzeln freizulegen. Als er sie vor mir niederlegte, war mir klar: Dieser Mann hatte sich verändert. Am Morgen noch war er so eine Art Dorftrottel. Alle Leute machten Witze über ihn, seinen Vater und seine Familie. Deshalb war er immer schwermütig und depressiv, traurig und freudlos. Er hatte keinen Stolz und war nicht imstande, anderen in die Augen zu schauen, weil er fürchtete, dass sie wieder über ihn lachen würden. Doch als er am Abend mit einer 42 Meter langen Pflanze heimkam, war es damit vorbei. Er kam nicht stolz, sondern demütig. Als er mir die Pflanze reichte, sagte er nur: »Danke« – nicht zu mir, sondern zum Schöpfer. Alle starrten ihn an. Von diesem Tag an hat es niemand mehr gewagt, einen Witz über ihn und seine Familie zu reißen. Denn er hatte seine Wurzel gefunden. Er hatte seine Schönheit gefunden. Er hatte seinen Sinn gefunden. Er hatte sich selbst gefunden. Beim Graben war ihm bewusst geworden: Ich gehöre zu einer großen, großen Familie.

Wir alle haben Wurzeln, die weit in unsere Geschichte zurückreichen. Aber nicht immer gefällt uns, was wir dort finden. Gerade in Europa, wo schreckliche Kriege das Land verwüstet haben, gibt es Dinge in der Vergangenheit, die die Menschen nicht gutheißen können. Die Wurzel-Zeremonie lehrt dich, auch diese Wurzelstränge ans Licht zu bringen – sie zu reinigen und sie genau anzuschauen. Vielleicht kommst du dann zu der Einsicht, dass du Wurzelstränge hast, die verrottet sind, die dein Wachstum blockieren. Du solltest dich bemühen, sie zu verstehen und wertzuschätzen. Und dann kannst du sie in Achtsamkeit und Respekt abschneiden.

Wenn du das tust, werden die anderen Wurzelstränge gekräftigt. Dann kannst du dich den Strängen deiner Vergangenheit zuwenden, die du sonst vielleicht vergessen würdest. Und wir alle vergessen viel. Wir alle neigen dazu, die Geschichten der Vorfahren zu den Akten zu legen. Aber manchmal sind sie aktuell. Ich habe erfahren, dass es in allen Geschichten etwas gibt, das wir für die Gegenwart oder Zukunft nutzen können. Deshalb: Starre nicht immer auf die negativen Seiten deiner Geschichte! Sondern entdecke, was gut daran war. Und mache es stark, damit du für die Zukunft davon zehren kannst.

Denn bedenke: Was in der Vergangenheit geschehen ist, ist geschehen. Gut oder schlecht. Gleichviel. Es ist geschehen. Und ein Mensch, der gelebt hat, hat gelebt. Gut oder schlecht. Gleichviel. Du bist mit ihm verbunden. Nimm es an. Nimm deine Wurzel. Ehre sie und wachse!

VON DER ERZIEHUNG

Das Wichtigste, was du bei der Erziehung deines Kindes beachten musst, ist das Lächeln. Sorge dafür, dass dein Kind lächelt. Achte darauf, dass es lacht – dass es glücklich und ausgeglichen ist. Wie jedes andere Kind, wird auch dein Kind weinen und zornig sein. Das ist völlig in Ordnung. Achte aber darauf, dass es in seine Harmonie zurückfindet. Lass es spielen. Sei achtsam. Von Anfang an.

Wenn bei uns ein Fest gefeiert wird, dann sind alle Kinder dabei. Sie spielen, singen und tanzen, während die Eltern miteinander reden und essen. Wir behandeln sie nicht, als wären sie schon erwachsen. Wir lassen die Kinder Kinder sein. Manchmal kommen sie leise an den Tisch, um zuzuhören. Sie haben Respekt vor den Erwachsenen. Vor allem aber lieben sie es, beieinander zu sein. Natürlich gibt es dabei Geschrei und Tränen. Aber genauso auch Lachen und Freude. Egal wie: Bei alledem erhebt sich ihr *Geist*. Und genau darum geht es bei der Erziehung: Der *Geist* der Kinder soll gehoben werden. Die Kinder sollen sich begeistern. Denn wenn sie vom *Geist* erfüllt sind, haben sie die Chance, dem Leben voller Vertrauen zu begegnen, sich geborgen und geliebt zu fühlen. Das zu unterstützen und die Begeisterung der Kinder zu fördern: Das ist die Aufgabe aller Erwachsenen im Haus. Werden sie dieser Aufgabe nicht gerecht, dann ziehen sie Kinder heran, die nicht im Gleichgewicht sind. Heute können wir überall auf der Welt sehen, wohin das führt.

Deshalb: Wenn du dein Kind erziehst, dann achte darauf, dass es ausgeglichen ist. Vor allem in den ersten drei Jahren. In ihnen werden die Fundamente der Zukunft gelegt. In ihnen musst du deine Kinder darin unterstützen, dass sie ihr Gleichgewicht finden. Dafür brauchst du keine pädagogischen Theorien. Wir haben so viele Theorien und Bücher über die richtige Erziehung, dass wir das Einfache und Wesentliche aus dem Blick verloren haben. Denn in Wahrheit braucht es gar nicht viel: Achte auf die Balance! Achte darauf, dass der *Geist* und der Körper deines Kindes im Gleichgewicht sind! Achte darauf, dass es den Notwendigkeiten der physischen Welt ebenso nachkommt wie denen der spirituellen Welt! Begegne ihm mit Liebe und Respekt! Wenn du das tust, werden sich Liebe und Respekt im Herzen deines Kindes ausbreiten. So wird es die Liebe, mit der du ihm begegnest, wertschätzen. So wird es ein gesundes Selbstvertrauen ausbilden.

Achte darauf, dass Körper und Geist *deines Kindes im Gleichgewicht sind!*

Es ist schmerzhaft zu sehen, wie viele junge Menschen heute nichts mehr davon zu erkennen geben – wie sie aufwachsen ohne Vertrauen, Liebe, Respekt, Ehre, Offenherzigkeit. Um das zu verhindern, legen wir Eskimos so großen Wert darauf, das Gleichgewicht in den Kindern zu stärken.

Wenn du deinem Kind mit Liebe und Respekt begegnest, kann es sich frei entfalten. Vertraue ihm! Lass es los! Dein Kind kann von sich aus den richtigen Weg einschlagen. Und wenn es sich für ihn entschieden hat, dann stehe ihm bei und hilf ihm. Wenn du aber feststellst, dass es in die Irre geht, musst du dein Kind warnen. Es muss nicht in dieselben Sackgassen gehen, in die du auch gegangen bist. Du musst dein Kind nicht wissentlich in die Hölle schicken, nur weil du auch dort gewesen bist! Dein Kind muss nicht jede Erfahrung gemacht haben, die du auch gemacht hast. Zumal dann nicht, wenn es eine schlechte Erfahrung war. Solches zu tun heißt: den Kindern gerade nicht in Liebe und Respekt begegnen.

Habe Vertrauen! Habe Vertrauen in dich, dass deine Liebe und dein Respekt deinem Kind die richtige Richtung weisen. Habe Vertrauen, dass du dein Kind auch dann auf einen guten Weg führst, wenn du es frei sein lässt. Deine Liebe und dein Vertrauen werden deinem Kind eine Stütze sein – ganz wie ein Stab, an den du eine junge Pflanze bindest, damit sie kräftig und gerade zum Himmel wachse. Durch deine zärtliche Zuwendung wird es unzerbrechlich, von der Kindheit bis ins Alter. Sein *Geist* wird sich erheben und blühen. Doch wenn die Stütze fehlt – wenn deine Liebe und dein Respekt ausbleiben –, dann wird dein Kind verdreht und krumm. Dann wird sein *Geist* gebrochen. Es bricht mir das Herz, immer wieder mit ansehen zu müssen, dass genau das in eurer modernen Welt geschieht.

Als ich ein Kind war, begegneten mir alle mit Liebe und Respekt. Später aber, als Jugendlicher, wurde ich nicht mehr geliebt und respektiert. Ich fand mich in einer Gesellschaft wieder, in der die weißen Herren uns Ureinwohner missachteten. Weder respektierten sie uns, noch liebten sie uns. So stürzte ich in eine fürchterliche Verwirrung: Daheim wurde ich geliebt, respektiert, geehrt – in der Schule erlebte ich das genaue Gegenteil.

Zur guten Erziehung gehört auch zu wissen, wann ihr Ende gekommen ist. Dann gilt es, die Kinder ziehen zu lassen. Wenn die Adler ein Junges haben, dann nähren und hüten sie es, so gut sie nur können. Doch wenn sie wissen, dass die Zeit gekommen ist, stoßen sie es aus dem Nest. Sie wissen, dass es fliegen wird. Und es wird fliegen. Das ist ein Akt der Liebe. Das ist ein Akt des Wissens. Das ist ein Akt der Weisheit.

VON DER FAMILIE

Für das Gleichgewicht eines Kindes ist die Familie unentbehrlich. Sie legt dem Leben eines Kindes ein festes Fundament. Und je größer sie ist, desto besser. Es ist gut, wenn die Großeltern da sind. Es ist gut, wenn es Onkel und Tanten gibt. Es ist gut, wenn Cousins und Cousinen in der Nähe sind. Wenn du, wie so viele Menschen in der modernen Welt, das alles nicht hast, solltest du dir – um deines Kindes willen – eine Familie erschaffen. Du wärst nicht die oder der erste. Viele andere Väter und Mütter mussten diesen Weg gehen. Und viele werden folgen. Denn ganz klar: Zahllose Männer zeugen Kinder, obwohl sie wissen, dass sie sie niemals aufziehen werden. Und ebenso gibt es Mütter, die »sich ein Kind machen lassen«, obwohl sie wissen, dass sie sich von dem Vater trennen werden. Das ist traurig, aber es ist unvermeidbar.

Wenn immer so ein Fall auftritt – oder wenn Eltern frühzeitig sterben, keine Geschwister geboren werden, die Großeltern fehlen –, liegt es in der Verantwortung eines Vaters oder einer Mutter, ihrem Kind eine Familie zu schaffen. Das kann zum Beispiel so aussehen, dass sie ihre Freunde um sich scharen. Die Freunde werden dann zu spirituellen Eltern.

Oft sind die spirituellen Eltern für ein Kind wichtiger als die leiblichen Eltern. Was nicht heißt, dass seine leiblichen Eltern nicht auch seine spirituellen Eltern sein können. Aber wenn die leiblichen Eltern fehlen, dann ist es wichtig, dass es spirituelle Eltern findet, die für es die Verantwortung übernehmen. Oder wenn die leiblichen Eltern – wie es in der modernen Welt nur allzu oft der Fall ist – nicht wissen, wie sie ihre Kinder erziehen sollen: Dann ist es ein Segen, wenn spirituelle Eltern da sind, die sich der Kleinen annehmen und die Erziehung übernehmen. Dann ist es ein Segen, wenn die spirituellen Eltern die Wurzelstränge eines Kindes zu reinigen verstehen, sodass es zur

Blüte gedeihen kann – wenn sie wachen Auges die Herkunft des Kindes sehen und seinen Eltern und Großeltern die Ehre erweisen. Das ist gut. Denn es gibt dem Kind ein Gefühl des Angenommenseins, ein Vertrauen ins Leben. Das Wichtigste aber sind Liebe und Respekt.

Nicht nur die Eltern sind dafür verantwortlich, dass ein Kind gut aufwächst. Die ganze Familie ist gefragt. In unserer Tradition ist es selbstverständlich, dass Erziehung keine Privatsache der Eltern ist. Bei euch ist das leider lange schon nicht mehr so.

VON DER VERANTWORTUNG FÜR DIE KINDER

Meine Eltern lehrten mich Respekt vor dem Alter. Wenn ich als Kind tollte und spielte, hielt ich an, sobald ein älterer Mensch mir begegnete. Das war so üblich. Ich hielt inne und schaute sie an. Man schaute mich an und sagte: »Hoho.« Dann konnte ich weiterspielen. Irgendwann hatte ich genug davon. Ich hatte keine Lust mehr, jedes Mal, wenn ich einen Alten sah, innezuhalten. Eines Tages sah meine Großmutter Aanakasaa, dass ich mich derart danebenbenahm. Sie rief mich zu sich und sagte: »Tu das nie wieder!« Sie hatte recht. Dieser Mensch hatte viel länger gelebt als ich. Und er hatte mir viel zu geben. Damals dachte ich: »Was kann der mir schon geben? Ein alter Mann, mehr nicht!« Heute weiß ich: Er kann mich im Leben unterweisen. Und deshalb habe ich ihn zu grüßen.

Ich erinnere mich an einen Abend in Haifa: Ich ging mit meiner Frau am Hafen spazieren; vor uns zwei alte Männer, einer ging am Stock und rauchte seine Pfeife. Da öffneten sich hinter uns die Tore eines großen Gebäudes, und eine Woge von Schülern ergoss sich auf die Straße. Sie rannten und tobten, aber als die ersten Kinder die beiden alten Männer erreichten, hielten sie an. Sie schauten zu den Alten auf, die Alten nickten und sagten: »Hoho.« Und die Kinder sprangen weiter. »Wow«, sagte ich da zu meiner Frau, »sie sind wie wir Eskimos! Sie wussten, dass es sich nicht gehört, einfach an den Alten vorbeizulaufen.« Später erfuhr ich, dass es arabische Kinder waren und dass bei ihnen – damals, es ist viele Jahre her – diese Tradition noch lebendig war.

Ich erzähle dir das, weil es etwas deutlich macht: Die Kinder sind wichtig. Sie verdienen unsere Aufmerksamkeit. Aber ihre Erziehung ist nicht nur Sache der Eltern. Sie ist auch Sache der ganzen Gesellschaft. Du kannst nicht immer auf deine Kinder aufpassen. Deshalb ist es wichtig, dass du dich darauf verlassen kannst, dass andere da sind, die sie an einige elementare Dinge erinnern, wenn sie über die Stränge schlagen – einige, die sie herbeiwinken und sagen: »Aha, meine Liebe, deinem Vater wird das nicht gefallen!« Aber niemand tut noch so etwas. Wir bilden uns ein, Erziehung wäre Privatsache der Eltern. Wenn du so denkst, stiehlst du dich aus der Verantwortung. Und wenn du anderen verbietest, deine Kinder zurechtzuweisen, dann begehst du eine Dummheit. Kinder sind ein Geschenk, und alle, die ihnen begegnen, haben die Verantwortung, ihnen auf dem Weg ins Leben beizustehen. Und dazu gehört, einige elementare Regeln zu befolgen – so wie die Kinder in Haifa, so wie die Kinder daheim in Grönland.

Erziehung ist nicht nur Sache der Eltern, sondern der ganzen Gesellschaft.

Es ist gar nicht so schwer: Es braucht deine Klarheit im *Geist* und im Herzen. Die Kinder werden auf dich hören. Und sie werden dich respektieren. Ebenso werden sie alle anderen Erwachsenen respektieren. Das ist etwas Wunderschönes.

Vielleicht fragst du: »Wie soll das gehen? Diese Zeiten sind vorbei! Die Kinder heute sind anders!« Ich sage dir: »Es ist möglich. Einfach, indem du es tust.«

Ein Kind hat zwei Eltern, aber es braucht eine Gesellschaft, um es zu erziehen. Wenn wir das vergessen, werden wir unsere Kinder verlieren. Und wie viele Kinder haben wir schon verloren! Überall. Wenn du siehst, dass Eltern ihre Kinder verlieren: Hilf ihnen! Sei mutig! Es liegt in deiner Verantwortung, das Richtige zu tun. Du bist verantwortlich für das Wohlergehen nicht nur deiner, sondern auch ihrer Kinder! Wenn du selbst Kinder hast: Lass es zu, wenn andere deine Kinder zurechtweisen und erziehen! Sie nehmen ihre Verantwortung wahr. Das verdient deinen Respekt.

VON DEN BÄUMEN

In meiner Heimat gibt es keine Bäume. Es ist zu kalt. Die Bäume können sich nicht aufrichten. Wenn sie ihre jungen Triebe in den Himmel strecken, reicht ein stürmischer Tag, und der Trieb ist tot. Doch nun, infolge des Klimawandels, ändert sich das. Die Bäume stehen auf. Natürlich gibt es bei uns noch immer eisige Stürme. Aber die Bäume lassen sich nicht mehr so leicht unterkriegen. Wenn sie vom Sturm niedergedrückt wurden, richten sie sich wieder auf, und wieder und wieder. Es ist schön, das mit anzusehen. Denn so soll es sein.

Junge Bäume sind flexibel, sie passen sich an. Ganz wie die Kinder. Auch von ihnen wissen wir, dass sie sich nicht leicht brechen lassen. Auch sie sind beweglich und flexibel – körperlich und spirituell. Auch sie kennen ihre Richtung und wachsen zu schönen, geraden und stolzen Wesen heran, wenn wir maßvoll vorgehen – sie vor grobem Wind und Wetter schützen, sie aber auch nicht in Watte packen. Bäume, die dauernd dem Wind ausgesetzt werden, wachsen schief. Andere sind in sich verdreht und verschlungen. Genauso ist es mit dem *Geist*. Ein *Geist* kann sich nicht zu seiner Schönheit und Kraft entfalten, wenn er dauernd dem Sturm ausgesetzt ist.

Es gibt aber auch kraftvolle, aufrechte, schlanke Bäume – Bäume, die unsere Bewunderung verdienen, weil sie eine gute Richtung genommen haben. Solche Bäume konnten sich von Anbeginn an entfalten – entweder, weil sie unter geschützten Bedingungen sprossen, oder weil sie gehegt und gepflegt wurden. Ich bete, dass deine Kinder solche Bäume sein mögen – auf dass sie aufrecht und kraftvoll und in Schönheit unter dem Großen Himmel gehen, wenn sie einst erwachsen sind.

VON DER JUGEND

In meiner Kindheit gehörten die Zeremonien zum täglichen Leben. Besondere Bedeutungen hatten die Zeremonien des Erwachsenwerdens. Für die jungen Mädchen wurden sie gefeiert, wenn die Geschlechtsreife erreicht war. Als Zeichen dafür galt die erste Monatsblutung. Kam sie, wurde ein großes Fest gefeiert – eine große Zeremonie. Und es war klar: Von nun an würden sich die Großmütter um die Mädchen kümmern. Sie würden darüber wachen, dass sie nicht missbraucht oder vor der Zeit berührt würden. Sie achteten darauf, dass mit dem körperlichen Wachstum das geistig-spirituelle Wachstum Schritt hält. Denn nur, wenn eine junge Frau die körperliche *und* die geistig-spirituelle Reife dafür hat, konnte eine Heirat für sie in Betracht gezogen werden. Festzustellen, wann dieser Zeitpunkt erreicht ist – das war die Aufgabe der Großmütter.

Ich erinnere mich daran, wie einst eine meiner Cousinen vor der Zeit von einem jungen Mann berührt wurde. Meine Mutter, die ihre Tante war, zögerte keinen Augenblick, den Mann zur Rede zu stellen. Sie tat das in aller Öffentlichkeit. Und sie tat es mit einer Schärfe und Entschiedenheit, die keinen Widerspruch duldeten. Es gab für den Mann kein Entrinnen. Die Mütter und Großmütter kreisten ihn ein. Sie fielen nicht ein in den Zornesausbruch meiner Mutter, aber sie umstellten ihn und schwiegen eisig. Der Mann war gezwungen, die Rede meiner Mutter anzuhören. Ob er wollte oder nicht. Und diese Rede war scharf.

Denn es gab in unserer Welt keinen Zweifel daran, dass die Sicherheit des Mädchens an erster Stelle steht. Und dass es keinem Mann erlaubt ist, ein Mädchen zu nehmen, bevor sie dafür reif ist: gefühlsmäßig und körperlich, geistig-spirituell und intellektuell. Dieses Mädchen war körperlich reif – äußerlich; und es wog schwer, dass der junge Mann sich nicht die Mühe gemacht hatte, auf den *Geist* des

Mädchens zu achten. Dem musste er sich stellen. Ich bin mir sicher, dass er die Predigt meiner Mutter nie vergessen hat – und dass er nie wieder ein Mädchen vor der Zeit berührt hat.

Für die Jungen wurden die Zeremonien gefeiert, sobald sie zum ersten Mal allein und selbständig ein Tier gefangen hatten – sei es einen Fisch, einen Vogel oder einen Vierbeiner. Denn damit war der Nachweis erbracht, dass der Junge auf die Jagd gehen und seine Familie ernähren kann. Diese erste Jagd war eine Zeremonie in sich selbst. Ich habe solche Zeremonien oft erlebt. Etwa bei meinen jüngeren Brüdern. Mein Vater feierte wundervolle Zeremonien für sie. Aber das war nicht alles. Um wirklich als »junger Mann« zu gelten, mussten wir eine Probe bestehen: Wir mussten einige Tage in der Wildnis zubringen – alleine und furchtlos.

Meinem Vater war es sehr wichtig, dass wir diese Zeremonie abhielten. Er hatte sechs Söhne und zwei Töchter – und die Söhne lagen ihm sehr am Herzen. Er lebte weit von seiner Familie entfernt, denn er arbeitete für die Regierung. Deshalb musste er die Zeremonien für seine Söhne ganz alleine ausführen. Als Zweitgeborener war ich zugegen, als mein großer Bruder im Alter von 14 Jahren von meinem Vater und meiner Mutter hinausgebracht wurde. Mein Vater hatte entschieden, dass nun die Zeit gekommen sei. Und also brachen wir auf.

Wir fuhren mit einem Boot weit, weit hinein in den Fjord. Dort sollte er für vier Tage und vier Nächte bleiben. Mein Bruder war sehr aufgeregt. Ich wusste das, denn er hatte die letzten Nächte kaum geschlafen. Und wir hatten viel darüber gesprochen, was ihn erwarten würde. Als wir den Ort seiner Einsamkeit erreichten, sprach niemand ein Wort. Meine Mutter richtete her, was er zum Kochen brauchte. Mein Vater machte sich mit dem kleinen Zelt und den Jagdutensilien zu schaffen. Mein Bruder ging ihm zur Hand. Ich schaute mir das Ganze an. Das war meine Rolle: aufmerksam sein. Als wir aufbrachen, sagte mein Vater sehr ruhig und bestimmt zu meiner Mutter und mir: »Schaut nicht zurück! Blickt nach vorn!« Und so fuhren wir davon.

Mein Vater hielt sich damit an eine alte Tradition. Wir glauben, dass es den *Geist* des Abschieds zerstört, wenn wir uns umdrehen, nachdem wir uns verabschiedet haben. Haben wir aber den *Geist* des Abschieds zerstört, dann wird es schwierig, zurückzukehren. Damals habe ich das nicht verstanden. Heute verstehe ich. Es ist wirklich schwierig, zurückzukehren, wenn wir den *Geist* des Abschieds gebrochen haben. Gehen wir, ohne uns umzusehen, dann ist es beim Wiedersehen so, als seien wir nie getrennt gewesen.

Ein Jahr später war ich an der Reihe. Dieses Mal begleitete uns mein nächstjüngerer Bruder. Wieder traf meine Mutter ihre Vorbereitungen, wieder traf mein Vater seine Vorbereitungen. Ich achtete genau auf alles, was sie taten. Dann stiegen sie ins Boot und ruderten davon. Und für mich begann eine schwierige Zeit. Bis dahin hatten mir alle signalisiert, dass es etwas Besonderes mit mir sei. Und deshalb ging ich davon aus, dass wenigstens meine Mutter sich nach mir umdrehen würde. Vielleicht sogar mein kleiner Bruder, der mich so liebte. Dass mein Vater einfach gehen würde, war mir klar, aber von den anderen erhoffte irgendetwas in mir doch einen Abschiedsgruß. Ich stand auf einem großen Felsen und schaute dem Boot nach. Ich weiß nicht, wie lange ich dort stand und darauf wartete, dass jemand zurückblicken würde. Nichts geschah. Da musste ich durch. Ich musste lernen, den *Geist* nicht zu brechen.

Ich blieb alleine zurück. Ich tat nichts Besonderes. Ich ging fischen, ich erkundete das Land. Ich suchte mir schöne Orte, um den Sonnenaufgang und den Sonnenuntergang zu beobachten. Es gab nichts, wovor ich Angst haben musste – außer vor mir selbst. Aber ich hatte keine Angst vor mir. Ich wusste: Wenn ich einem Eisbären begegne und Angst vor ihm habe, würde er das sofort spüren. Spürt er aber meine Angst, dann greift er mich an. Bin ich hingegen furchtlos im Herzen, wird er mich in Ruhe lassen. So bereitete ich mein Lager und schlief. Ich hatte niemanden zum Reden. So war ich still und fühlte. Ich fühlte, was ich dachte. Ich spürte, was ich fühlte. Ich ging fischen, ich machte Spaziergänge. Die Zeit verging schnell. Nach vier Tagen kam das Boot zurück. Mein Vater lächelte. Er umarmte mich und meinen Bruder. Meine Mutter küsste mich und sammelte meine Ausrüstung ein. Mein Vater befragte mich und schaute sich an, was ich getan hatte. Er sagte: »Hoho, Hoho.« Mein kleiner Bruder war neugierig: »Was hast du gesehen? Was hast du gehört?« Und ich fühlte mich gereift. Ja, jetzt war ich ein junger Mann.

Nach meiner Heimkehr gab es ein Fest. Eine Zeremonie wurde gehalten, so wie es seit Jahrtausenden üblich war. Meine Mutter bereitete ein Festessen, alle Verwandten kamen. Ich musste allen meine Abenteuer erzählen. Und alle lachten, als ich davon berichtete, dass mir bei meinem ersten Angeln die Flut all die schönen Fische raubte, die ich schon gefangen und neben mir deponiert hatte. Am Ende fragten sie mich, ob ich glauben würde, nun ein junger Mann zu sein. »Ja«, sagte ich, »jetzt weiß ich es.« Das war eine tiefe Erfahrung: Im Alter von 14 Jahren, ganz alleine draußen in diesem unendlich weiten Land. Diese Erfahrung hat mich stark gemacht.

Es tut mir weh, dass unsere jungen Menschen heute solche Erfahrungen nicht mehr machen können. Wir sollten deshalb nach Wegen suchen, wie wir unseren Jugendlichen helfen können. Aber stattdessen stellen wir ihnen dauernd Hindernisse in den Weg. Wir sagen ihnen: »Dies und das musst du machen! Diese Erfahrung kann ich dir nicht ersparen!« Wir sagen das, obwohl wir genau wissen, dass diese Erfahrungen den Jungen nicht guttun werden. Sollten wir nicht besser unsere Jugendlichen an die Hand nehmen? Sollten wir ihnen nicht Wege zeigen, die sie beschreiten können, ohne Schaden an ihrem *Geist* zu nehmen? Wir haben die Verantwortung, unsere jungen Menschen zu führen. Aber wir entziehen uns ihr. Wir geben den jungen Leuten nicht mehr die Chance, Erfahrungen zu machen, die gut für sie sind. Weder den Jungs noch den Mädchen. Wir haben den Mut verloren, ihnen den Weg zu weisen. Und was haben wir davon? Unsere Gesellschaften fallen auseinander.

Schalte das Fernsehen ein. Was siehst du? Tausend hübsche Sachen, die ein junges Mädchen tun kann. Aber alle betreffen den Körper. Um ihre geistig-spirituelle Entwicklung schert sich niemand. Mit den Jungs steht es nicht besser. Tausend Verlockungen, aber nichts für den *Geist*. Wir haben das Gleichgewicht zwischen Innen und Außen verloren. Für äußerliche Schönheit investieren wir Zeit und Geld. Für die innere Schönheit haben wir den Sinn verloren. So betrügen wir die jungen Menschen um das Gleichgewicht, das sie brauchen. In ihrem Leben gibt es keine Harmonie von Innen und Außen. So werden sie nie voll von Schönheit und Kraft durchs Leben gehen.

Wir haben den Mut verloren, Jugendlichen den Weg zu weisen.

Stell dir vor, wie es wäre, wenn wir von diesen Eingeborenen des Nordens lernen würden! Stell dir vor, wir würden für unsere jungen Menschen wieder Zeremonien feiern. Sofort wüssten sie wieder etwas aus ihrem Leben zu machen. Wie viele junge Menschen sagen heute: »Ich habe keine Lust mehr auf Schule! Ich nehme mir eine Auszeit!« Und so verschwenden sie ihre Zeit mit Planlosigkeit. Sie warten aufs Leben, anstatt ihr Leben zu leben. Verstehst du? Die Zeremonien sind dafür da, ins Leben zu führen: das Leben zu leben, statt auf das Leben zu warten. Sie sind dafür da, unseren *Geist* aufzurichten – sodass wir auf gute Weise gehen können: aufrecht und stark, voller Kraft und in Schönheit. So, wie es unserer Bestimmung entspricht, jetzt und allezeit.

Und was tun wir? Wir sitzen da und warten aufs Leben. Warten, dass es von außen zu uns kommt. Dabei ist es längst da. Mitten in uns. In unserem Herzen.

VON DEN MÄNNERN

Ihr Menschen im Westen glaubt, ein Mann sei dann ein echter Mann, wenn er starke Muskeln hat – wenn er hart ist und nicht weint. Ihr spottet über die »Weicheier« und blickt auf zu Männern, die keine Gefühle und Emotionen zeigen. Ihr sagt: »Männer weinen nicht.« Auf diese Weise habt ihr Generationen von Kriegern erzogen. Früher haben sie sich auf den Schlachtfeldern umgebracht. Heute bekämpfen sie sich in den Bankentürmen. Das Bild vom »starken Mann« hat der Welt nur Unheil gebracht.

Ich bin ein starker Mann. Ich bin ein Jäger und verfüge über Muskelkraft. Doch das allein macht mich nicht zum Mann. Zum Mann macht mich, dass ich Gefühle habe, dass ich weinen kann, dass ich intuitiv bin. Diese Qualitäten haben die meisten von euch verlernt. Sie haben damit den Zugang zu sich selbst verloren. Deswegen erkennen so wenige Männer, dass etwas schiefgeht bei ihnen. Deswegen sind so wenige Männer bei sich zu Hause. Deswegen sehe ich bei euch so wenige Männer, die aufrecht und kraftvoll, mit Stolz und Schönheit durchs Leben gehen – so, wie es ihrer Bestimmung entspricht, jetzt und allezeit.

VON DEN FRAUEN

In der Welt, aus der ich komme, sind es die Frauen, die entscheiden. Denn die Frauen haben uns auf die Welt gebracht. Eine Frau hat dich geboren. Eine Frau hat dich erzogen. Die Frauen erziehen die ganze Gesellschaft. Die Zukunft der Menschheit wird sich daran entscheiden, ob wir die Frauen entscheiden lassen. Und ob die Frauen bereit sind, die Verantwortung, die ihnen auferlegt ist, anzunehmen. Mein Gebet ist, dass du bereit bist, diese Verantwortung anzunehmen.

Frauen verfügen über enorme Kräfte. Ihre Kraft ist nicht die physische Kraft ihrer Muskeln. Ihre Kraft wächst aus ihrer Verletzlichkeit. Ihre größte Kraft entfaltet die Frau, wenn sie am verletzlichsten ist: in ihrer Mondzeit. In ihrer Mondzeit ist sie ganz und gar empfänglich – empfänglich dafür, neues Leben zu gebären. Am stärksten ist diese Energie, wenn sie blutet. Dann fließt alles aus ihr heraus, aber gleichzeitig ist sie voller Schöpferkraft. Das ist der Grund, weshalb wir die Mondzeit der Frauen als eine heilige Zeit betrachten. Nicht, um ihre Verletzlichkeit auszunutzen, sondern um ihr Potenzial zu ehren, neues Leben zu gebären.

VON MÄNNERN
UND FRAUEN

Bei euch in der westlichen Welt gibt es einige Verwirrung über die Geschlechter. Frauen wollen Männer sein, Männer wollen Frauen sein. Dabei ist es von großer Wichtigkeit zu wissen, was es heißt, ein Mann zu sein – und was es heißt, eine Frau zu sein. Wenn Männer und Frauen gleich sein wollen, kommt dabei nichts Kraftvolles und Schönes heraus. Etwas Schönes und Kraftvolles entsteht, wenn eine Frau eine Frau und ein Mann ein Mann ist. Dann ergänzen sie sich wie die zwei Flügel eines Vogels.

Der Flügel der Frau ist nah am Herzen. Sie schenkt den Kindern das Leben, sie sorgt für die Familie. Sie weiß, was gut ist für das Miteinander in Dorf und Stamm. Das ist ihre Stärke. Der Flügel des Mannes ist weit vom Herzen. Doch für das Gelingen der Familie ist er ebenso wichtig. Er weiß, wie er den Lebensunterhalt der Familie sicherstellen kann. Er weiß, was es heißt, kraftvoll und aufrecht über Mutter Erde zu gehen. Das ist seine Stärke. Damit das Leben miteinander kraftvoll und schön ist – damit der Vogel des gemeinsamen Lebens abheben kann –, braucht es beide Flügel gleichermaßen. Sicherlich wird es Zeiten geben, zu denen der Flügel des Mannes stärker ist. Ebenso wird es Zeiten geben, zu denen der Flügel der Frau stärker ist. Aber wenn es dazu kommt, zu steigen und zu sinken, zu starten und zu landen – dann müssen die Flügel in Balance sein.

Mann und Frau ergänzen sich wie die zwei Flügel eines Vogels.

Wenn meine Großmutter Aanakasaa zu uns sprach, öffnete sie oft ihre Arme, als seien sie Flügel. Sie sagte nichts, aber wir alle verstanden, dass sie damit ausdrücken wollte, wie wichtig eine gute Balance für unser Leben ist. Heute weiß ich, dass genau das ihr zentrales Anliegen war: Sie wollte uns dazu anhalten, ein Leben in Balance zu leben – ein Leben, bei dem wir unsere Unterschiede nicht ausblenden, son-

dern sie zu einem kraftvollen Leben ergänzen: Mann und Frau, zwei Flügel eines schönen und kraftvollen Vogels.

Dieses Wissen müssen wir zurückgewinnen. Wir müssen wieder dahin kommen, dass Männer und Frauen sich in ihrer Unterschiedlichkeit achten und respektieren; dass sie ihre unterschiedlichen Kompetenzen anerkennen und begreifen; dass weder Frauen noch Männer allein für sich leben können; dass sie nur gemeinsam zu ihrer jeweiligen Blüte und Schönheit wachsen werden; weil sie Balance brauchen.

VON DER SEXUALITÄT

Die großen gesellschaftlichen Umbrüche des 20. Jahrhunderts sind auch an den Menschen des Nordens nicht vorbeigegangen. Wir haben das Gleichgewicht verloren, auch das Gleichgewicht zwischen Männern und Frauen. Wenn wir ehrlich sind, müssen wir uns eingestehen, dass das Geschlechterverhältnis komplett durcheinandergeraten ist.

Ein Indiz dafür ist die Pornographie. Ich weiß nicht, wie viele Millionen Euro damit verdient werden. Aber ich weiß, dass es sie nur gibt, weil genügend Kunden da sind. Warum ist das so? Weil wir die Schönheit des Geschlechtlichen nicht mehr sehen. Wir haben es verlernt, den Zauber des Männlichen und den Zauber des Weiblichen zu erkennen. Stattdessen sitzen wir einem Jugendwahn auf. Überall auf der Welt triffst du Männer, die junge Frauen begehren. Überall auf der Welt wird den jungen Frauen eingeredet, dass allein ihre jugendliche Schönheit zählt. Dabei missbrauchen wir sie, denn wir betrügen sie um ihre innere Schönheit. Wir missbrauchen sie, denn wir verhindern, dass sie ihre innere Schönheit entfalten.

Wir sollten die jungen Mädchen – und ebenso die jungen Männer – beschützen, damit sie spirituell und emotional reifen können. Wir sollten ihnen Zeit lassen, damit sie reifen können. Körperlich sind sie oft sehr früh reif, aber geistig-spirituell sind sie es noch lange nicht. Nie mehr möchte ich in der Zeitung lesen müssen, dass ein Moslem, der die Lehren des großen Muhammed befolgt, ein zwölfjähriges Mädchen zu seiner Frau macht. Nie mehr. Muhammed wollte nicht, dass Männer Mädchen für ihre Zwecke benutzen. Er wollte, dass Männer und Frauen sich aneinander erfreuen.

Manche Jungs erreichen die Reife mit 20 noch nicht, manche Mädchen sind körperlich mit 12 reif, emotional aber erst mit 18. Während dieser Zeit brauchen sie Schutz und Begleitung. Aber wir begleiten sie nicht mehr. Wir schützen und achten die Schönheit der jungen

Menschen nicht mehr. Wir liefern sie der Sexualität aus, und sie fühlen sich missbraucht – voneinander und von den Älteren. Es ist traurig, aber wahr: Wir gehen nicht mehr verantwortlich mit der Sexualität um – nicht mit der unserer Kinder und nicht mit unserer eigenen.

Eine gute Sexualität zwischen reifen und erwachsenen Menschen ist etwas Wunderbares. Mein Vater hat einmal behauptet, er hätte mit meiner Mutter am Anfang ihrer Ehe sieben Mal am Tag Sex gehabt. Meine Mutter hat ihn auf fünf Mal am Tag heruntergekorrigiert. Aber immerhin. So waren sie. Und so sind wir alle. Voller Leidenschaft und Lust am Sex. Dass das mit der Zeit nachlässt, ist ganz natürlich. Aber dafür bekommt der Sex mehr Tiefe, wenn die Partner beieinanderbleiben. Sie finden mehr und mehr in eine reife Sexualität.

Sexualität ist eine Zeremonie. Sie hebt deinen *Geist* und lässt deinen Körper blühen. Nichts ist schlecht an der Sexualität. Im Gegenteil. Sie ist reines, volles Leben. Und das zeigt sich daran, dass Mann und Frau sich aneinander erfreuen – dass sie nicht einander gebrauchen. Solange eine Seite sich von der anderen gebraucht fühlt, gibt es keine Freude zwischen Mann und Frau. Doch genau das ist in den meisten Partnerschaften der Fall. Die Menschen verstehen nicht mehr, ihre Sexualität zu feiern: als ein Fest, als eine Zeremonie. Sie machen Sex. Und das war's dann.

Das ist eine Tragödie, denn Sexualität ist die größte Energie des Lebens. Sexualität ist die Energie, die neues Leben erschafft. Du hast diese Energie, aber weißt du auch, wie du sie auf eine gute Weise gebrauchen kannst? Hast du die spirituelle Reife, deine Sexualität als eine Zeremonie zu feiern? Hättest du die spirituelle Reife, würdest du beim Sex nicht nur auf die körperliche Schönheit blicken. Du würdest durch die äußere Erscheinung hindurchschauen, um die innere Schönheit zu sehen. Du würdest nach einer spirituellen Schönheit suchen, die den *Geist* erhebt – und nicht nur den Körper. Du würdest dich an der Freude erfreuen – an der Freude, die du und deine Geliebte sich gegenseitig bereiten.

Sex hat eine spirituelle Dimension – sie besteht darin, das Bewusstsein dafür zu haben, was Sexualität wirklich ist: die Zeugung neuen Lebens. Das ist eine große und heilige Sache – eine Zeremonie.

Wir müssen das Bewusstsein dafür zurückgewinnen. In allen Religionen und Kulturen sollten wir darauf achten, dass unsere jungen Menschen nicht eher Sex miteinander haben, als sie wirklich die spirituelle und emotionale Reife dafür erreicht haben. Und ich bete, dass du diese Reife in dir entfaltest, auf dass du die Heiligkeit der Sexualität erfährst und sie wie eine Zeremonie zu feiern verstehst.

VOM HEIRATEN

Allein wirst du geboren, alleine wirst du sterben. Doch in der Spanne deines Lebens bist du nicht allein. Den Weg durchs Leben gehen wir als Paar. Als Mann und Frau. Mann und Frau sind die Flügel des Lebens. Die Frau ist nah am Herzen. Der Mann ist weit vom Herz entfernt. Zusammen erschaffen Mann und Frau neues Leben. Zusammen gründen sie eine Familie. Zusammen erheben sie sich zum Flug. Mit ihren Kindern erheben sie sich zu einer neuen Dimension des Lebens – ein Prozess, der niemals endet. Eine Zeremonie in sich selbst. Sie beginnt mit einem Fest. Wir nennen es Hochzeit.

In meiner Heimat haben wir wundervolle Hochzeitszeremonien. Es geht bei ihnen darum, dass ein junger Mensch als Ehemann oder Ehefrau akzeptiert wird und auf gute Weise den Schritt ins eigene Leben tun kann.

Meine Großmutter Aanakasaa wurde bei ihrer Hochzeit auf ein Kajak gesetzt. Man setzte sie gegen den Rücken ihres Bräutigams und band die beiden mit einem Seil zusammen. Und dann schickte man sie auf die Reise.

Das war eine Zeremonie, von der meine Großmutter bis zum Tage ihres Todes sprach. Davon, wie schön es gewesen war, das Auf und Ab des Wassers unter dem Kajak zu spüren. Wie aufregend es war, als die Frauen die Seile um ihre Füße und Hüften banden. Wie berührt sie war, als ihr Mann ihr den Hut aufsetzte, die Handschuhe überzog und sagte: »Ich bin bereit.« Er konnte sie nicht sehen und sie blieb lange stumm. Da fragte er sie erneut: »Meine Liebe, bist du bereit?« Und nun sagte sie: »Ja, ich bin bereit!« Er hätte nicht das Ruder ergriffen, ohne diese Worte gehört zu haben. So aber legte er ab. Zehn Tage lang waren Großvater und Großmutter unterwegs. Jeden Abend gingen sie an Land und campierten. Jede Nacht verbrachten sie zu zweit draußen in der Weite des Landes. Jeden Morgen fesselte er sie an sich und fragte: »Meine Liebe, bist du bereit?« Und jeden Morgen sagte sie: »Ja, ich bin bereit.«

Was für eine Zeremonie! Was für ein Verlust! Heute fragen wir nicht mehr: »Liebste, ich bin bereit. Bist du auch bereit?« Wir fragen es nicht mehr in der Intimität unseres Miteinanders. Und wir fragen es nicht mehr öffentlich vor der Hochzeitsgesellschaft. In der christlichen Hochzeitsliturgie gibt es daran noch eine blasse Erinnerung, wenn sich die Brautleute das Jawort geben. Aber die tiefe Bedeutung haben wir vergessen. Wir müssen diese einfachen Dinge neu erlernen – einschließlich der Verantwortung, die darin liegt, einander anzunehmen. Millionen Menschen sagen am Altar »Ja«. Weil es die Familie erwartet, weil es sich so gehört. Aber sind sie wirklich bereit? Nein. Millionen von Menschen heiraten, obwohl sie sich nicht lieben. Warum? Weil sie nicht wissen, was Liebe ist. Weil sie einander nicht ehren.

Millionen von Menschen sagen bei der Trauung JA – aber sind sie wirklich bereit?

Die Alten wussten, was Liebe ist. Ihre Zeremonien öffneten die Herzen, sodass sich die Liebe in ihnen ausbreiten konnte. Ich war einmal zu einer Hochzeit nach New Mexico eingeladen. Es war eine griechische Hochzeit, und das Fest war wunderschön. Braut und Bräutigam hatten wirklich einander angenommen. Als Zeichen dafür zerbrachen die Brauteltern ein Glas. Das bedeutete: Ja, beide sind bereit. Und dann bestätigten sie es. Später gab es ein rauschendes Fest. Alles tanzte.

Und was machen wir? Wir haben aus den Hochzeiten eine Show gemacht, bei der die Fotografien wichtiger sind als das Ereignis selbst. Das ist nicht gut. Wir müssen den Weg zurückfinden: den Weg zur Essenz, zum Grund. Wir müssen wieder unsere Verantwortung begreifen: unsere Verantwortung, die darin besteht, uns aneinander zu freuen. Wären wir uns dieser Verantwortung bewusst, hätten wir weniger Scheidungen. Die Partner würden nicht einander verlassen, bloß weil das Leben zu zweit schwierig ist.

Meine Eltern waren 47 Jahre lang verheiratet. Als mein Vater gestorben war, sagte meine Mutter: Dein Vater hat mich zur Hölle gebracht – und wieder zurück. Ich bekam damals einen großen Schrecken. Heute verstehe ich. Ich bin mit meiner Frau 26 Jahre verheiratet. Und ich habe sie zur Hölle gebracht – und wieder zurück. Wir alle sind so. Nicht weil wir böse Menschen wären, sondern weil das Leben so ist.

Die ganze Idee einer Ehe oder Partnerschaft liegt darin, immer enger zusammenzuwachsen, ohne dabei die eigene Identität aufzugeben. So eng, dass nichts zwischen Mann und Frau hindurchpasst. Deshalb sagen die Alten, ein gutes Paar könne entscheiden, wohin das Wasser fließt. Nichts sickert durch sie hindurch. Weil jedes seine Identität lebt und beide dennoch eine undurchdringliche Einheit bilden.

Die wenigsten Paare kommen je dorthin. Die meisten sind nur deshalb zusammen, weil sie gemeinsame Kinder haben. Sie sind unglücklich, aber sie können sich nicht trennen. Deshalb ist es so wichtig, die Verantwortung füreinander zu übernehmen: die Verantwortung dafür, dass zwei Menschen sich aneinander erfreuen können. Die Verantwortung, die darin besteht, einander anzunehmen – auch wenn es in die Hölle geht und wieder zurück.

VON DER EHE

Eigentlich ist es ganz einfach, eine reife und erfüllte Partnerschaft zu führen: gegenseitiger Respekt, gegenseitige Anerkennung, gegenseitige Wertschätzung, gegenseitige Liebe. Ganz egal – wie wir sagen –, ob wir auf dickem oder dünnem Eis wandeln. Das ist alles.

Die meisten Menschen haben verlernt, sich auf dünnem Eis zu bewegen. Sie haben Angst davor. Sie wissen nicht, dass man auf dünnem Eis nicht nebeneinander gehen kann; dass man hintereinander und Rücken an Rücken gehen muss, denn nur so kann einer den anderen retten, falls das Eis brechen sollte. Es gibt immer Zeiten von dünnem Eis im Leben. Es gibt immer Zeiten, in denen wir Rücken an Rücken gehen müssen – und nicht nebeneinander. Aber wer weiß das noch?

Natürlich ist der gemeinsame Weg durch das Leben kein Sonntagsspaziergang. Natürlich gibt es Anfechtung und Verführung. Natürlich gibt es Triebe und Sehnsüchte. In der alten Welt der Eskimos gab es dafür Vereinbarungen, die das Leben leichter machten. Wenn ein Reisender oder ein Jäger wochenlang von zu Hause und von seiner Ehefrau fort war und in einem fernen Dorf um Unterkunft bat, war es nicht unüblich, ihm anzubieten, mit einer unverheirateten Frau aus dem Dorf zu schlafen – sofern eine dazu bereit war. Nie wäre eine Frau dazu gezwungen worden. Sie wäre eingeladen worden, sich mit dem Fremden zu erfreuen: ein ganz einfacher, schöner und menschlicher Akt – eine Zeremonie, aus der gemeinsame Freude entsteht.

Das alles ist in Vergessenheit geraten: diese Freude aneinander, in Respekt und Verantwortung. Stattdessen gibt es Prostitution und Vergewaltigung. Und zerrüttete Ehen. In Nordamerika liegt die Scheidungsrate bei über 50 Prozent. In Nordeuropa ist es ähnlich. Immer mehr Kinder wachsen ohne Vater oder Mutter auf. Warum? Weil wir die Schönheit der Ehe aus den Augen verloren haben – die Schönheit der wechselseitigen Freude aneinander.

Mein Urgroßonkel verlor drei Frauen. Als seine dritte Frau starb, war er 96 Jahre alt. Das hat ihn nicht daran gehindert, im Dorf zu fragen, ob es nicht eine Frau gäbe, die ihn heiraten möchte. Er hatte die Freude am Leben mit einer Frau nicht verloren. Ich glaube: Wir alle haben das Recht, uns aneinander zu freuen. Wir alle sollten uns aneinander freuen. Aber die wenigsten tun es. Die wenigsten kennen die Freude der reifen, erfüllten Sexualität.

Ich wünsche mir, dass meine Enkel eines Tages heranreifen und diese wunderbare Zeremonie der Geschlechter wiederentdecken und sich aneinander freuen – voller Verantwortung und voller Respekt füreinander. Dann werde ich sagen: »Wow, jetzt möchte ich Urenkel haben. Macht los!«

VON DER HARPUNE

Wenn du in einem Qajaq (Kajak) sitzt, hast du wenig Kraft. Denn deine Beine sind ausgestreckt und du musst aufrecht sitzen. Deshalb haben wir bei der Jagd in jedem Boot zwei Männer: einen, der paddelt, und einen, der die Harpune wirft. Wenn Letzterer ein guter und kräftiger Werfer ist, wird er ein Tier treffen. Dabei verhakt sich der Kopf der Harpune – der Tuukkaq – im Fleisch des Tieres. Es ist unmöglich, ihn herauszuziehen. Die Harpune selbst kannst du herausziehen. Sie schwimmt dann an einem Ballon aus Robbenhaut im Wasser. Aber der Kopf der Harpune ist von dem Tier nicht mehr zu trennen. Das heißt: Wenn deine Harpune ein Tier trifft, verbindest du dich dadurch mit ihm – für immer. Das Tier stirbt. Es wird dein.

Tuukkaq ist ein wichtiges Symbol und eine bedeutende *Medizin*. Wenn dir jemand einen Harpunenkopf schenkt, dann bringt er damit zum Ausdruck, dass er dich bittet, sein Freund oder seine Freundin zu sein. Bedenke: Wenn deine Harpune das Herz eines Tieres trifft, kannst du den Tuukkaq nie mehr herausziehen. Wenn jemand dir einen Tuukkaq schenkt, geht es ihm um lebenslange Freundschaft: um eine ewige Verbindung zweier Wesen.

Ist dir schon einmal aufgefallen, dass bei der christlichen Hochzeitszeremonie gesagt wird: »Bis dass der Tod euch scheidet«? Eine Freundschaft, die durch den Tuukkaq zum Ausdruck gebracht wird, reicht viel tiefer. Wenn dir jemand den Tuukkaq darreicht, dann ist es, als würdest du mit ihm verschmelzen. Du kannst den Tuukkaq einem Mann oder einer Frau geben, du kannst es einmal oder mehrmals geben. Immer verbindet es dich auf tiefste Weise.

Verstehst du, was für eine mächtige *Medizin* der Tuukkaq ist? Sie fordert dich auf, bis ans Ende deines Lebens ein Freund oder Partner zu sein. Du musst dir gut überlegen, ob du sie annimmst. Bevor du Ja sagst, musst du sicher sein, dass du ihr gewachsen bist. Der Tuukkaq ist das Symbol einer enormen Verantwortung. Nicht nur für dich, sondern auch für den, von dem du es angenommen hast. Denn du wirst mit ihm verbunden sein – bis ans Ende aller Tage. Wenn du dich in der Person täuschst, der du den Tuukkaq anbietest, wird es schwer für dich und für ihn.

VON DER LIEBE

Die Liebe ist etwas Wunderbares. Doch die meisten von uns haben vergessen, was sie ist. Sie verwechseln die Liebe mit Sexualität. Die Liebe ist immer *auch* Sexualität. Aber sie ist mehr. Sie umfasst unser ganzes Leben: von der Sexualität bis zur Spiritualität. Wenn wir uns nicht einfach nur verlieben, sondern zur Liebe werden, dann wird uns in der Liebe bewusst, dass wir mit allem in Verbindung stehen. Dann lernen wir, uns wechselseitig zu fühlen, dann halten wir wirklich zusammen »in guten wie in schlechten Zeiten«. Davon sind die meisten von uns jedoch weit entfernt. Sie reden von Liebe, aber sie leben sie nicht. Stattdessen sind sie hungrig nach Sex. Doch Sex stiftet keine Verbindung. Auf Sex lässt sich kein gemeinsames Leben bauen. Ein gemeinsames Leben lässt sich allein auf Liebe bauen.

Sex allein schafft keine Verbindung – dazu braucht es die Liebe.

Davon erzählt die Lehre des Vogels. Der Vogel hat zwei Flügel. Nur so kann er fliegen. Das heißt für einen Mann und eine Frau: Nur wenn wir unsere Flügel gemeinsam ausbreiten, werden wir fliegen. Nur wenn wir dabei das gleiche Gewicht haben, werden wir uns erheben. Das »gleiche Gewicht« ist mehr als Gleichberechtigung. Von Gleichberechtigung wird bei euch viel geredet. Aber mehr als Gerede ist es nicht. Denn in Wahrheit gibt es bei euch kein Gleichgewicht zwischen Männern und Frauen. Liebe würde das Gleichgewicht schaffen. Liebe stiftet Harmonie, wenn einmal sie die Stärkere oder einmal er der Stärkere ist. Ohne Gleichgewicht könnt ihr nicht fliegen. Ohne Liebe werdet ihr kein höheres Niveau eures Lebens erreichen. Ohne Liebe werdet ihr nicht sein, wozu euch euer Schöpfer bestimmt hat. Ohne Liebe wirst du nicht aufrecht und kraftvoll gehen.

VON DEN GEMEINSCHAFTEN

Vor einigen Jahren war ich in Südafrika. Jane Goodall hatte mich eingeladen. Wir trafen uns in Pretoria und gemeinsam fuhren wir in eine Hometown. Dort leben eine Million Menschen auf engstem Raum in Hütten aus Pappe. Nicht weit davon wohnen die Reichen in Häusern, die Festungen gleichen. Vor den Toren stehen Männer mit Gewehren. Auf den Mauern liegt Stacheldraht. Diese Menschen leben in Gefängnissen. In den Gefängnissen ihrer Angst. Ist das das Leben?

Dann reiste ich nach Berlin: in die Hauptstadt Deutschlands im Zentrum Europas. Dort leben sehr zivilisierte und gebildete Menschen. Doch wenn sie abends zu Bett gehen, verschließen sie ihre Türen. Auch sie sind Gefangene in ihren eigenen Häusern. Denn sie haben kein Vertrauen zu ihren Nachbarn. Ist das Gemeinschaft?

In der modernen Welt gibt es so viel Einsamkeit. Schau dich um: In deiner Stadt gibt es Tausende, die einsam sind. Tausende, die keine Familie haben. Natürlich haben sie irgendwo leibliche Eltern, aber sie sind nicht da. Vielleicht sind sie gestorben, vielleicht leben sie an einem anderen Ort. Wenn ich durch die Straßen einer Stadt schlendere, stelle ich fest, dass die Menschen sich nicht grüßen. Sie nehmen sich nicht wahr. Sie erkennen sich nicht.

In den Dörfern meiner Heimat war das anders. Alle Generationen lebten am gleichen Flecken. Die Türen standen offen. Die Kinder wuchsen auf unter einem Dach der Liebe, das von den Eltern und Großeltern gespannt wurde. Das alles gibt es heute kaum mehr. Aber die Sehnsucht nach einer Familie – die gibt es umso mehr.

Was können wir tun? Wir können uns spirituelle Familien suchen – spirituelle Gemeinschaften, die uns durchs Leben begleiten. Wir brauchen solche Gemeinschaften heute mehr denn je. Denn die Familien – selbst dort, wo sie es noch gibt – sind schon lange keine Orte spirituellen Wachstums mehr.

Aus diesem Grund ist es mir ein Anliegen, »Kreise« zu bilden: spirituelle Gemeinschaften, die den Raum öffnen, in dem Menschen wachsen können – in dem Menschen ihren *Geist* aufrichten können. Diese Räume sind buchstäblich not-wendig: Wenn Menschen sich dort selbst begegnen und sich selbst verstehen, beginnt der Wandel. Wo Menschen sich selbst erkennen, wächst ihnen die Kraft zu, die Gesellschaft zu gestalten und zu verändern. Ja, erst wo Menschen sich erkennen, entsteht überhaupt so etwas wie Gemeinschaft: eine Gemeinschaft, die mehr ist als eine Gruppe von Steuerzahlern, die alle vier Jahre einmal ihren Stimmzettel abgeben. Eine Gemeinschaft, in der die Menschen sich in die Augen sehen und auf der Straße grüßen. Eine Gemeinschaft, in der die Menschen Verantwortung füreinander übernehmen.

Die Grundlage jeder Gemeinschaft ist der Kreis.

Doch all das haben wir verlernt. Deshalb brauchen wir Beistand. Wir brauchen die Unterstützung eines Kreises.

VON DEN GROSSMÜTTERN

In Europa und der westlichen Welt habt ihr die Gleichberechtigung von Mann und Frau. Aber ihr bezahlt euren Frauen geringere Gehälter als euren Männern. Auch wenn sie die gleiche Ausbildung haben. Wenn wir ehrlich sind, existiert die Gleichberechtigung bei euch vor allem auf dem Papier.

Bei uns in Grönland ist das anders. In meiner Heimat haben wir eine matriarchale Gesellschaft. Die Frauen – genauer: die Großmütter – entscheiden. Wenn sie sich beraten wollen, versammeln sie sich in der Schwitzhütte und halten dort einen Rat. Sind sie zu einem Ergebnis gekommen, rufen sie die Männer zu sich und teilen ihnen mit, was sie beschlossen haben. Dann treten die Männer zusammen und halten ihren Rat. Sie fragen sich: Was wollen die Frauen? Warum wollen sie dieses oder jenes? Und vor allem: Wie können wir ihren Beschluss umsetzen? Die Frauen entscheiden, die Männer machen die Arbeit. So wird bei uns Politik gemacht. Wäre es anders, würde unsere Gesellschaft auseinanderfallen.

Du fragst warum? Ganz einfach: Weil die Großmütter die größte Erfahrung haben. Sie haben am längsten gelebt. Sie haben die Kinder zur Welt gebracht. Sie haben die Kinder aufgezogen. Und sie kennen die Belange des Dorfes. Die Männer sind die längste Zeit des Jahres unterwegs auf der Jagd. Sie wissen nicht, was im Dorf geschieht. Aber die Großmütter sind im Bilde. Deshalb entscheiden sie.

Natürlich lässt sich das nicht auf eure Welt übertragen. Aber eines könnt ihr doch von uns lernen: dass es wichtig ist, die Stimmen der Alten zu hören – die Stimmen der Alten und Weisen, die Stimmen der Großmütter. In eurer Welt treffen die Männer alle zentralen Entscheidungen. Männer dominieren die Wirtschaft, Männer dominieren die Politik. Die Frauen aber, die die Kinder großziehen und täglich das Leben meistern, finden nirgends Gehör. Ihre Weisheit bleibt ungenutzt. Das ist nicht gut. Würdet ihr euren Großmüttern zuhören, wüsstet ihr genau, was los ist. Ich bin mir sicher: Würdet ihr euren Müttern und Großmüttern erlauben, Entscheidungen zu treffen – das Leben in Europa wäre komplett anders.

Du fragst, wie das in euren modernen Großstädten gehen soll? In euren Großstädten, in denen sich nicht einmal diejenigen grüßen, die Tür an Tür wohnen? Indem ihr Gemeinschaften bildet – indem ihr euch zusammentut. Du sagst, das sei unmöglich? Weil die Menschen den Sinn für Gemeinschaften verloren haben? Weil sie rund um die Uhr arbeiten oder vor dem Fernseher sitzen? – Versuche es trotzdem. Grüße deinen Nachbarn, wenn du ihn triffst. Damit beginnt es. Du wirst sehen, dass die Menschen sich danach sehnen, von dir gesehen und gegrüßt zu werden. Es sind die einfachen Dinge, die den Unterschied machen.

VOM ZERFALL DER GESELLSCHAFTEN

Eine Gesellschaft braucht intakte Familien. Sie braucht Orte, an denen die Weisheit der Alten an die Jungen vermittelt wird. Orte, an denen erfahrene Männer und Frauen ihr Wissen weitergeben können. Orte, an denen eine Atmosphäre der Liebe und des Respektes herrscht, ohne die Kinder nicht gedeihen können. Wo diese Orte fehlen, fällt die Gesellschaft auseinander. Genau das beobachte ich in der englischsprachigen Welt. Als die Briten die Weltherrschaft innehatten, schufen sie ein Bildungssystem, bei dem sie die jungen Männer in Internate steckten. Das war für sie wichtig, denn nur dort – fern von Mutter und Vater – konnten sie die Soldaten und Seefahrer heranziehen, die sie brauchten. In Wahrheit aber begann damit der Niedergang der englischen Gesellschaft. Heute sehen wir das Ergebnis: eine Gesellschaft von Menschen, die die Orientierung verloren haben; von Menschen, die nichts mehr mit sich anzufangen wissen; die nicht mehr in der Lage sind, Beziehungen einzugehen, Freundschaften zu führen, Ehen zu leben; die nicht mehr in der Lage sind, Kinder aufzuziehen. Und das Gleiche beobachte ich in Nordamerika. Wo ich hinschaue: Menschen, die keine Ahnung mehr davon haben, wie man Kinder aufzieht.

Hier könnt ihr Menschen des Westens einiges von uns lernen. Die Stärke der Eskimo-Gesellschaft, die seit Jahrtausenden unter härtesten Bedingungen lebt, liegt darin, dass unsere Kinder in einer Atmosphäre grenzenloser Liebe aufwachsen – umgeben von Eltern und Großeltern, Tanten und Onkeln, Cousinen und Cousins. Und sie liegt darin, dass unsere Kinder von Anfang an einen Sinn für das Gleichgewicht von Jung und Alt, von Mann und Frau bekommen. Die Tatsache, dass so viele westliche Gesellschaften zerbrechen, hat etwas damit zu tun, dass dieses Gleichgewicht gestört ist – weil es keine Familien mehr gibt, in denen es erfahren und eingeübt wird.

VOM KRIEG

In meiner Heimat hat es nie einen Krieg gegeben. Für mein Volk ist es befremdlich zu hören, dass Völker gegeneinander kämpfen, um Land zu erobern. Für uns ist klar, dass es nur ein Land gibt – und dass dieses Land niemandem gehört. Jeder hat das Recht, dieses eine Land zu nutzen. Und jeder wird es auf seine eigene Weise tun. Nur besitzen kann es niemand. Die Erde gehört allen. Deshalb können wir nicht begreifen, dass Kriege geführt werden, um Land zu besitzen. Wir können nicht begreifen, was Menschen daran finden, Linien auf der Landkarte zu zeichnen und zu sagen: Das ist eine Grenze.

Und wir können auch nicht verstehen, wie Väter und Mütter es gutheißen können, dass ihre Söhne ausziehen, um zu töten.

VON DER GRENZENLOSIGKEIT

Es gibt keine Grenzen. Die Tiere kennen keine Grenzen, die Pflanzen kennen keine Grenzen, die Winde kennen keine Grenzen, die Wolken kennen keine Grenzen, die Flüsse kennen keine Grenzen. Nur der Mensch glaubt an Grenzen. Nur er sagt: »Du darfst hier nicht hin.« Da frage ich mich: Wie kann das sein?

Das Problem ist: Ihr Menschen des Westens lernt von Kindheit an, Grenzen zu setzen. Aber Mutter Erde hat keine Grenzen. Der Wind kennt keine Grenzen. Vielleicht trägt er das welke Blatt, das der Herbstwind von dem Baum in deinem Garten reißt, Tausende von Kilometern durch die Luft. Vielleicht trägt er es nach Norden, wo es irgendwann über Grönland gefriert und niederfällt. Nun liegt es in einem grönländischen See und entfaltet dort seine Energie. Alles hängt mit allem zusammen. Alles ist mit allem verbunden. Ihr seid diejenigen, die die Grenzen erfunden haben.

Wir Menschen des Nordens denken nicht in Grenzen. Wenn du in Grönland auf einen Berg steigst und in die Ferne blickst, kannst du 450 Kilometer weit sehen. Denn die Luft ist knochentrocken und die Erde flacher gekrümmt. Wenn du dich im Kreis drehst, kannst du 900 Kilometer des Landes überblicken. Das ist fast die Länge Deutschlands. Wer vor einem solch weiten Horizont lebt, für den machen Grenzen keinen Sinn.

Als einige europäische Länder 1957 die Europäische Gemeinschaft gründeten, war das eine gute Idee. Sie hatten begriffen, dass es keinen Sinn mehr hat, wenn jeder für sich und keiner miteinander arbeitet. Heute hat die Europäische Union 26 Mitglieder. Das ist ein großer Fortschritt. Das ist vorbildlich für die ganze Welt.

Wir müssen lernen, dass es nur eine Welt gibt – dass die Grenzen, die wir in ihr gezogen haben, Illusionen sind. Wir brauchen ein globales Bewusstsein dafür, dass wir alle zusammengehören und einen

Organismus bilden; dass wir uns selbst bestehlen, wenn wir den Afrikanern die Rohstoffe und das Land stehlen; dass wir uns selbst verletzen, wenn wir sie mit Waffen versehen und ihre Wälder abholzen. Wir brauchen ein klares Bewusstsein dafür, dass wir alle eine Familie sind. Wir brauchen Weisheit – die Weisheit der Ältesten. Das kann die Welt von den Eskimos lernen: Wir brauchen die Weisheit der Ältesten, wir brauchen die Weisheit der Großmütter.

Wir brauchen die Weisheit der Ältesten.

VOM ALTER

Die Art und Weise, wie ihr im Westen mit euren Alten umgeht, ist unglaublich. Wenn ihr alt werdet, schiebt man euch in Altersheime ab. Eure Kinder versprechen, euch an den Feiertagen zu besuchen, aber oft kommen sie nicht mal dann. Sie haben keine Zeit für euch, denn immer haben sie zu tun, müssen sie arbeiten. In der Welt, aus der ich komme, ist das anders. Dort sorgen die Menschen dafür, dass die Alten nicht allein sind. Dort sorgt man dafür, dass sie Menschen haben, die ihnen zuhören. Denn sie haben viel zu erzählen. Und wenn sie ihre Geschichten erzählen können, dann geht es ihnen gut.

Es treibt mir die Tränen in die Augen, wenn ich eure Alten sehe. Ich habe bei euch viele Alte gesehen, die so viel zu sagen hätten, aber es ist niemand da, der ihnen zuhört. Sie haben keine Enkel – und wenn es sie gibt, dann haben sie keine Ohren, um den Alten zu lauschen. Ich habe aber auch Alte gesehen, die nichts zu sagen haben. Das ist noch bedrückender. Mein Vater sagte gern: »Wir alle werden alt, aber die wenigsten von uns werden Älteste.« Damit wollte er sagen, dass das Alter allein keine Garantie für Weisheit ist. Zum Ältesten muss man werden – man muss als Ältester erkannt werden. Aufgrund der Erfahrungen, die man gemacht hat – und aufgrund des Wissens, das man von sich selbst hat.

Mein Gebet ist, dass du einst ein alter Mann oder eine alte Frau sein wirst, die etwas zu sagen hat – und dass du Ohren findest, die deiner Weisheit offen stehen.

VOM HÖCHSTEN PUNKT
DES LEBENS

Weißt du, was mein Vater uns erzählte, als wir geboren wurden? Er sagte: »Die Kindheit sollte weich, spielerisch, voller Vertrauen und liebevoll sein. So wie die zarte Haut deines Unterarms«, über das er dabei strich. »Aber bedenke«, fuhr er fort, »den wenigsten ist es vergönnt, eine solche Kindheit zu erleben. Bevor sie es überhaupt begreifen, wird der Weg breiter.« Dabei fuhr er über seinen Handrücken. »Und bald öffnen sich vor ihnen viele Pfade, die sie vor eine schwierige Wahl stellen.« Dabei wies er auf seine Finger, die diese Wege symbolisieren sollten. Und weiter sagte er: »Aber keiner hat sie je gelehrt, wie sie damit umgehen sollten – wie sie eine gute Entscheidung treffen könnten. Deshalb machen sie Fehler. Immer wieder. Immer dieselben Fehler. Bis sie endlich innehalten und den höchsten Punkt erklimmen – den Punkt, an dem du dir deiner selbst am sichersten bist; an dem du weißt, wo du hingehörst; an dem du in der ganzen Energie stehst.« Dazu ballte er seine Faust und wies auf die Knochen seiner Fingergelenke. »Wenn du dort bist, dann schau! Schau hin! Dann wirst du sehen, dass es im Leben noch unendlich viele andere Entscheidungen zu treffen gibt – dass du noch unendlich viele andere Wege einschlagen kannst.«

Und mein Vater sagte: »Wenn du dann deine Entscheidung triffst und zu gehen beginnst, dann dreh dich nicht um. Wende dich nicht zu deinen Freunden und deiner Familie und sage: ›Schaut mich an, ich bin auf dem richtigen Weg!‹ Wenn du das tust, wirst du stolpern und wieder von vorne beginnen und die ganze alte Leier ewig wiederholen. So wie all die anderen. Immer wieder wirst du stolpern. Immer wieder wirst du in die Irre gehen. Wenn du auf deinem Weg angekommen bist, wirst du ihn aufrecht und gradlinig gehen können – bis zu seinem Ende. Dann wirst du nach Hause kommen: zu dir selbst.«

Aber weißt du, was das Problem ist? Die meisten von uns mögen sich nicht. Ja, sie wissen nicht einmal, wer sie sind und was sie können. Und sie sind nicht stolz auf das, was sie getan haben. Sie finden ihr Leben wertlos und langweilig. Sie finden vieles, was sie an sich auszusetzen haben. Sie wollen jemand anderes sein. Sie eifern anderen Vorbildern nach. Deshalb fällt es ihnen schwer zu sagen: »Ich bin es wert, nach Hause zu kommen.« Und deshalb kommen sie nicht nach Hause. Aber du bist es wert, heimzukommen. Jeder Mensch ist es wert, heimzukommen.

Wenn du weißt, wer du bist, dann weißt du, woher du kommst. Du weißt, wo du bist, und du weißt, wo du hingehst. Darauf kommt es an im Leben. Immer wird es Aspekte an dir geben, die dir nicht bewusst sind. Das Lernen hört nie auf. Aber je besser du dich kennst, desto leichter wird es dir fallen. Und je öfter du an den höchsten Punkt deines Lebens kommst, desto klarer wirst du sehen und desto beherzter wirst du gehen – zu dir, nach Hause. Dann wirst du eine neue Dimension des Lebens erschließen. Und noch eine neue. Und noch eine neue. Es hört nie auf. Denn die Dimensionen des Lebens sind unendlich – weiter und größer als der Große Himmel.

Die schönste Erfahrung ist, zu verstehen, wer du bist.

Das Abenteuer, dich selbst zu entdecken, hört nie auf. Bis zu dem Tag, an dem du deinen Körper zurücklässt. Bis zu diesem Tag kannst du frei entscheiden, welchen Weg du gehen willst und ob du den Heimweg zu dir antreten willst. Wenn du deinen Körper verlässt, ist es damit vorbei. Dann wird es wieder so sein wie am Anfang, als du im Mutterschoß warst. Damals gab es nur die Welt deiner Mutter. Erst als du in die Welt geboren wurdest, lerntest du, frei zu entscheiden. Erst als du gehen konntest, wähltest du deine Wege. Wenn du den Körper dereinst verlässt und in die Welt des Schöpfers zurückkehrst, wirst du keine freie Wahl mehr haben. Alles, was du tun kannst, ist, dich zu Lebzeiten darauf vorzubereiten, dass du in der anderen Welt eine gute Reise zu deinem Schöpfer haben wirst.

Das Schönste, was dir zu Lebzeiten widerfahren kann, ist zu verstehen, wer du bist. Immer wieder neu. In immer neuen Dimensionen. Im vollen Bewusstsein deiner selbst. Und in voller Verantwortung für dich selbst. Dein Leben ist ein Geschenk. Du trägst die Verantwortung dafür, dass es sich entfaltet. Du trägst die Verantwortung dafür, ihm gerecht zu werden und dich dieses Geschenkes als würdig zu erweisen. Es ist ganz einfach, ganz kraftvoll, ganz schön.

Alle Zeremonien haben diesen einfachen und schönen Sinn: dich zu dir selbst zu führen – durch alle Dimensionen deines *Geistes* – nach Hause.

VON DEINER AUFGABE, ANDEREN DEN WEG ZU WEISEN

Je weiter du auf dem Weg zu dir selbst vorangekommen bist, desto mehr stehst du in der Pflicht, anderen auf ihrem Weg zur Seite zu stehen. Wir alle brauchen Wegbegleiter, denn niemand kann den Weg alleine gehen. Deshalb bist du aufgerufen zu helfen: von deinen eigenen Erfahrungen und Irrwegen zu berichten, deine Zeremonien zu teilen; den Menschen deiner Umgebung neue Dimensionen ihres *Geistes* zu enthüllen.

Das ist eine wunderschöne Aufgabe. Und sie ist von größter Wichtigkeit für uns alle. Kannst du dir eine Welt vorstellen, in der alle Menschen den Weg nach Hause gefunden haben? In der sie alle neue Dimensionen der Wirklichkeit für sich erschlossen haben? Es liegt an dir, diese Welt wirklich werden zu lassen.

VOM MOND

Einst ging ein Mensch zum Mond und fuhr ihn an: »Was machst du? Was haben wir von dir?« Der Mond sagte: »Ich gebe dir Licht in der Nacht.« Der Mensch war damit nicht zufrieden. Er sagte: »Ja schon, aber du gibst keine Wärme. Das Licht allein ist nicht viel wert.« Da war der Mond betrübt. Er dachte nach und sagte: »Ich tue aber noch mehr für euch: Ich halte das Wasser am Leben!« Der Mensch fragte: »Wirklich? Wie machst du das?« Der Mond erklärte ihm, dass er es ist, der die Fluten steigen und sinken lässt – dass er die Ebbe kommen und gehen lässt. »So bleibt das Meer lebendig«, sagte der Mond, »und nur, weil es lebendig ist, gibt es euch Nahrung.« – »Tatsächlich«, brummte der Mensch, »das hatte ich vergessen.« Der Mond setzte aber noch eins drauf: »Und ich lenke den Zyklus der Körper euer Frauen«, sagte er. »Bedenke: Ich bin es, der die Zeiten eurer Fruchtbarkeit steuert.« Da war der Mensch beeindruckt. Er hatte noch nie darüber nachgedacht. Und er begann, den Mond zu achten. Beflügelt davon, getraute der Mond sich, zuletzt sein wichtigstes Werk zu verraten. »Höre«, flüsterte er, »da ist noch etwas: In der dunkelsten Stunde deines Lebens werde ich kommen. Ich werde über dir sein und auf dich herabscheinen. Damit die Hoffnung in deinem Leben nicht stirbt.« Da verstand der Mensch, dass er dem Mond Unrecht getan hatte. Und er sang ein Lied – aus Dankbarkeit dafür, dass der Mond in der dunkelsten Stunde seines Lebens kommen würde, um auf ihn zu scheinen.

Die Lehren sind wie der Kreis: der Kreis, der keinen Anfang und kein Ende hat – der Kreis, dem wir alle angehören.
Komm, trete ein in den Kreis!

ALLES, WAS ES BRAUCHT, IST
»ICH LIEBE DICH«

*Christoph Quarch im Gespräch
mit Angaangaq*

Angaangaq, was bedeutet es für dich, ein Schamane zu sein?

Ich komme aus einer Familie, die viele traditionelle Heiler hervorgebracht hat. Wir nennen sie *Angakkoq*. Das ist ein Ehrentitel, mit dem die Eskimos ihre spirituellen Führer bezeichnen – Menschen, die zum Träger der Trommel ernannt wurden, die man als Älteste um Rat fragte, die man aufsuchte, wenn man Heilung suchte. *Angakkoq* genannt zu werden, ist die höchste Auszeichnung, die einem in Grönland zuteilwerden kann. Es hat deshalb für mich eine hohe Bedeutung, dass ich von meiner Familie ausgewählt wurde, ein *Angakkoq* zu werden. Der Prozess, der mich dahin gebracht hat, war lang und mühsam. Und deswegen erfüllt es mich mit großer Freude, dass ich heute Zeremonien abhalten darf, die in fast 200 Jahren niemand in meiner Familie ausführte. Es geschah zuletzt im Jahr 1821, dass mein Urururgroßvater die Verantwortung auf sich nahm, Schamane zu sein. Er wurde ein berühmter Schamane für ein riesiges Gebiet im Norden Grönlands. Jeder kannte ihn und jeder respektierte ihn. Dass ich nach beinahe 200 Jahren in seine Fußspuren treten darf, bedeutet mir und meiner Familie sehr viel.

Du sagst, es war ein langer Weg, Schamane zu werden. Was ist dir auf diesem Weg widerfahren?

Als ich ein kleiner Junge war, sagte meine Großmutter Aanakasaa, wann immer ich zur Tür hereinkam: »Ah, Angaangaq hat Es!« Damals begann ich mich zu fragen, ob es irgendetwas an mir gäbe, was andere Kinder nicht haben. Aber ich wusste es nicht. Erst als ich älter wurde, begriff ich, dass ich geschult worden war: dass man mich aus einer großen Zahl von Familienmitgliedern ausgesucht hatte, um etwas zu werden, das ich selbst nicht gewählt hatte – weil man mich für jemanden hielt, der »Es« hat. Nur dass mir weder meine Großmutter noch meine Mutter, nicht meine Tanten, auch nicht meine Onkel oder mein Vater irgendetwas davon durchblicken ließen, was sie in mir sahen. So wuchs ich auf, ohne zu wissen, welcher Weg für mich vorgezeichnet war. Das war nicht immer einfach. Als Teenager in der Schule bekam ich dann eine erste Ahnung von meiner Gabe als Heiler.

Wie das?

Die Mädchen klagten über ihre Probleme mit der Regel, über Kopfschmerzen und Verspannungen. Natürlich waren sie ganz normale Mädchen, die die Aufmerksamkeit der Jungs auf sich lenken wollten. Und so baten sie die Jungs um kleine Massagen, die die Jungs ihnen gerne gewährten. Da ich nicht anders sein wollte als die anderen und mir auch nicht die Chance entgehen lassen wollte, diese wunderschönen Mädchen zu berühren, bot ich ihnen gerne meine Dienste an. Wie alle anderen auch. Nur: Wenn ich sie berührte, kam ein genussvolles »Ahhh« über ihre Lippen. Jedes Mal. Du kannst dir vorstellen, wie mein Ego bei diesem »Ahhh« anschwoll. Ich fühlte mich als ein starker Mann, der die Mädchen mit seinen Händen beeinflussen und erregen kann.

Das Traurige bei der Sache war nur: Jedes Mal, wenn ich ein Mädchen »behandelte«, wurde ich krank. Ich bekam Kopfschmerzen und

Migräne, alles in mir verspannte sich, und manchmal tat es so weh, dass ich vor Schmerz weinen musste. Kurz: Ich hatte Regelschmerzen, wie sie Jungs eigentlich nicht haben sollten. Und das drei Jahre lang. Meine Mutter und meine Tanten wussten das. Auch mein Onkel und mein Vater wussten es. Ich wollte aber nicht darüber reden. Es war mir peinlich, Mädchenschmerzen zu haben. Als ich keinen anderen Rat mehr wusste, ging ich zu meiner Großmutter: »Was ist los mit mir? Warum werde ich immer krank, wenn ich jemand anderes berühre?« Ihre Antwort war: »Mein Sohn, du musst deine Absicht ändern!« Mehr sagte sie nicht. Sie lächelte mit ihrem wundervollen Lächeln.

Etwa einen Monat später war die Zeit der Examen. 1963. Es war der letzte Schultag. Alle waren aufgeregt. Wir saßen angestrengt über unseren Abschlussarbeiten und mussten sie um 14 Uhr abgeben. Nach und nach wurden meine Mitschüler fertig und gingen hinaus. Nur diese wunder-, wunder-, wunderschöne Eskimoprinzessin hinter mir war noch im Klassenraum. Und sie flüsterte mir zu: »Angaangaq, Angaangaq, kannst du mir helfen?« Aber ich hatte zu tun. Die Zeit lief mir davon. Und ich sagte: »Keine Zeit!« Außerdem musste ich dringend pinkeln. Trotzdem kniff ich die Beine zusammen, denn ich musste fertig werden. Irgendwann konnte ich aber nicht mehr. Also stand ich auf, um aufs Klo zu gehen. Auf dem Weg dorthin kam ich bei ihr vorbei und tat, was ich immer getan hatte: Ich berührte sie, massierte ihren Kopf und Nacken, ihre Schultern und ihre nackte Haut – nicht, um mich als Mann aufzuspielen, sondern um jemandem zu helfen, der meine Hilfe brauchte. Dann ging ich zur Toilette, kam zurück, schrieb meine Arbeit fertig und gab sie ab.

Stunden später stellte ich fest: »Hoppla, ich bin ja gar nicht krank!« Ich hatte keine Kopfschmerzen, keine Verspannungen, keine Menstruationsschmerzen. In diesem Augenblick verstand ich, was meine Großmutter gesagt hatte: »Ändere deine Absicht!« Bisher war meine Absicht, wenn ich ein Mädchen berührte, dass ich mich sexuell aufblähen wollte. Jeder Mann weiß, wie erregend es ist, die Haut einer schönen Frau zu berühren. Darum ging es mir. An diesem Examenstag aber war meine Absicht anders. Und so begriff ich, wozu ich unwissentlich ausgebildet wurde.

… und welche Gabe du hattest.

Ja, auch das. Aber weißt du, ich war damals um die 15 Jahre alt. Bis ich wirklich begriffen habe, was für eine Gabe das ist, sollte noch einige Zeit vergehen. Aber von dieser Zeit an geschahen immer mehr Dinge in meinem Leben, die mich aufmerksamer für mich selbst werden ließen – nicht für die Menschen, mit denen ich arbeitete, sondern für mich. Ich begriff, dass ich an mir selbst arbeiten muss, und meine Großmutter unterstützte mich dabei – bis zu dem Tag im Jahr 1969, an dem sie starb. Dann übernahm meine Mutter von ihr meine Ausbildung. Sie selbst hatte 47 Jahre bei ihr gelernt.

Ist es in Grönland üblich, dass künftige Schamanen von Frauen ausgebildet werden?

Ich komme aus einer matriarchalen Gesellschaft, in der die Großmütter entscheiden. In anderen Gesellschaften sind es Männer, die die Schamanen ausbilden, in meiner Welt sind es die Frauen.

Wie ging es mit deinem Ausbildungsweg weiter? Wie wurdest du zum Schamanen?

Als meine Mutter starb, wurde ich zum Ältesten unseres Clans ernannt. Doch damals war noch nicht abzusehen, dass sie sich eines Tages versammeln würden, um mich auf den Heiligen Berg zu schicken. Seit Anfang des 19. Jahrhunderts war niemand mehr dorthin entsandt worden. Der letzte Schamane der Familie war mein Ururgroßvater. Als damals die lutherische Kirche in Grönland ihre Herrschaft antrat, verbot sie als erstes alle traditionellen Zeremonien der Eskimos. Und mein Vorfahr musste zum Christentum übertreten. Das war um das

Jahr 1820. Seitdem hat niemand aus meiner Familie mehr die Initiation zum Schamanen erhalten. Das Wissen wurde trotzdem weitergegeben. Meine Großmutter Aanakasaa lebte wie eine Schamanin, auch wenn sie nicht so genannt wurde. So gesehen war es eine große Überraschung für mich, als meine Familie im Jahr 2006 zusammentrat, um mir zu sagen, dass die Zeit gekommen sei, dass ich zum Heiligen Berg aufsteige – das heißt: die Initiation zum Schamanen empfange.

Was ist das für eine Initiation?

Sie klingt ganz einfach. Aber sie ist eine schwere Prüfung. Bevor ich aufbrach, nahm mir mein Bruder all meine *Medizin* ab. Er sagte: »Du wirst ohne deine spirituellen Helfer gehen.« Ich sagte: »Okay.« Er sagte weiter: »Du wirst alleine mit Gott sein und über dich reden. Du wirst ihn um nichts bitten, du wirst nur zu ihm sprechen. Du wirst über dich sprechen. Du wirst deinem Schöpfer darlegen, wer du bist. Berichte Gott, wer Angaangaq ist! Das ist alles.« Als mein Bruder das sagte, lächelte ich. Doch als ich losging – ohne meine *Medizin* –, fühlte ich mich nackt und einsam. Die Aufgabe klang leicht: 24 Stunden allein auf einem Berg. In Wahrheit aber war sie sehr schwer.

Warum?

Je näher der Tag des Aufbruchs rückte, desto ängstlicher wurde ich. Was sollte ich meinem Schöpfer schon über mich sagen? Wusste ich denn, wer Angaangaq ist? Ich hätte ihm meine Biografie dahersagen können, aber das hätte vielleicht eine Stunde gedauert. Was sollte ich ihm in den restlichen 23 Stunden sagen? Als ich am 4. September 2006 schließlich aufbrach, hatte ich wirkliche Angst. Der sechs Kilometer lange Aufstieg wurde zum schwersten Gang meines Lebens. Der Berg ist knapp 2000 Meter hoch. Als ich dort oben stand, war ich ganz allein – ohne Wasser, ohne Essen, ohne Schlafmatte. Nur ich und meine Trommel.

Und was hast du dann getan?

Zunächst legte ich einen Steinkreis. Dann stellte ich mich hinein und begann zu sprechen. Doch nach zwei Stunden wusste ich nichts mehr zu sagen. Ich war verzweifelt. Ich hatte noch 22 Stunden für meinen Schöpfer. Ich stand da und weinte. Doch dann begriff ich etwas. Ich begriff, dass ich in mir zahlreiche Geheimnisse trug – Geheimnisse, die ich bis dahin immer vor mir und meinem Schöpfer verborgen hatte. Und ich wusste, dass nun die Zeit gekommen war, diese Geheimnisse zu offenbaren. Doch selbst jetzt war ich immer noch nicht ehrlich. Ich log zwar nicht, aber ich sagte auch nicht die ganze Wahrheit. Es gab immer noch Stellen, um die ich mich herumdrückte. Doch wenn ich das tat, spürte ich einen tiefen Schmerz – der Schmerz, der dann entsteht, wenn man mit sich nicht im Reinen ist. Dieser Schmerz schnürte mir den Atem ab. Also begann ich von Neuem.

Und nun geschah etwas Wundervolles: Ich fühlte mich immer leichter und freier. Und das ermutigte mich, noch weiter zu gehen. Immer mehr Geheimnisse drängten an die Oberfläche. Alles musste gesagt werden. Es kostete mich eine enorme Anstrengung. Heute würde ich sagen, dass das für mich die schwerste Arbeit meines Lebens war: ehrlich zu sein – mit mir, mit meinem Schöpfer. Als die 24 Stunden vorbei waren, stieg ich hinab. Noch auf dem Rückweg wusste ich nicht, ob ich die Prüfung bestanden hatte. Ich wusste nicht, ob ich die Verantwortung des Schamanen auf mich nehmen würde, als ich wieder in den Kreis meiner Familie trat. Erst als meine Schwester mich fragte: »Nun?«, war mir klar, dass es kein Zurück mehr gäbe. Ich öffnete das Geschenk, das mich zum Schamanen machen sollte – und übernahm damit die Verantwortung, Schamane zu sein.

Wir sprachen von deiner besonderen Gabe, dass du »Es« hast. Was hat es damit auf sich: Ist es die Fähigkeit zu heilen, oder was zeichnet den Schamanen aus?

Nein, die Essenz dessen, was einen Schamanen auszeichnet, ist weit mehr als das Heilen. Das Heilen ist nur ein kleiner Teil der schamanischen Arbeit. Das Entscheidende ist, die Zeremonien zu halten. Meine Großmutter Aanakasaa sagte: »Das Leben ist eine Zeremonie in sich selbst.« Das heißt: Das Leben ist eine Zeremonie in sich selbst – wert, mit einer Zeremonie gefeiert zu werden. Wenn wir den wunderschönen Schneefall nicht mit einer Zeremonie feiern, dann verfehlen wir, was wir sein können. Wenn wir den Sinn für die Zeremonie verloren haben, dann schneit es einfach nur. Aber wenn wir das Leben als Zeremonie verstehen, dann sagen wir: »Mein Gott, wie ist das schön! Es schneit! Mutter Erde wird mit diesem wunderbaren weißen Schnee neu eingekleidet. Nun kann sie ausruhen!« – Siehst du den Unterschied?

Aber ja!

Mutter Erde wird bekleidet. Der Schnee hält sie warm. Sie kann ausruhen. Bis zur Schneeschmelze. Dann wird sie wieder lebendig. Diesen Sinn für die Wirklichkeit wach zu halten, ist, was ich bei den Zeremonien tue. Ich feiere die Schönheit in alledem, was in meiner Welt geschieht. Verglichen mit der großen Welt ist meine Welt sehr, sehr klein. Aber in meiner Welt, in der ich die Schönheit des Schnees feiere, weiß ich mich mit Mutter Erde verbunden – immer. Gestern Abend erst haben wir eine Zeremonie für den Mond gefeiert. Bei dieser Gelegenheit erzählte ich von der Beziehung des Menschen zum Mond. Nur sind sich die wenigsten Menschen in der westlichen Welt ihrer Beziehung zum Mond je bewusst: »Ach, wieder mal Vollmond«, sagen sie. Aber die Beziehung ist eine ganz andere.

Nämlich?

In der dunkelsten Stunde meines Lebens, wenn ich voller Niedergeschlagenheit und Selbstzweifel bin, voller Reue und Einsamkeit, wenn ich arbeitslos oder obdachlos bin und mich selbst nicht mehr ertragen kann, dann wird der Mond aufgehen. Und er wird auf mich herniederscheinen, um mich daran zu erinnern, dass es Hoffnung gibt: dass ich meine dunkelste Stunde überstehen werde. Aber die wenigsten Menschen denken so. Für sie ist der Mond der Mond. Mehr nicht. Sie haben die Verbindung zu der lebendigen Welt verloren, die sie umgibt. Meine Aufgabe ist es, diese Verbindung wiederherzustellen und wiederzubeleben.

Im Westen haben wir oft die Vorstellung, ein Schamane sei einer, der in einer besonders engen Beziehung zu Mutter Natur oder Mutter Erde steht. Stimmt das?

Ja, ich stehe in Verbindung mit den Energien der Natur. Ich spüre sie an meinem eigenen Energie-Niveau. Du musst wissen: Meine Wirklichkeit hat sehr, sehr viele verschiedene Facetten. Ganz wie deine. Du hast so viele Facetten an dir, dass du sie gar nicht zählen kannst. Also: Wenn ich morgens aufwache, dann spüre ich in mich hinein und frage mich: »Hm, wo bin ich heute – welche Facette dominiert? Wie ist ihr Energie-Niveau?« Und dann atme ich durch. Ich wache auf und fülle meine Tasse – ihr würdet sagen »meinen Tank«. Und wenn sie voll ist, dann weiß ich: Jetzt kann's losgehen. Ich bin bereit, meine Energie und Liebe zu teilen; meine Berührung zu teilen, mein Bestes zu geben. Ich werde die Menschen anschauen und sie zärtlich berühren. Und sie – hmmm – lieben. Das ist die Energie, aus der heraus ich arbeite. Aber auch darin erschöpft sich meine Rolle als Schamane nicht.

Was kommt hinzu?

Ich kenne die *Medizin* der Erde. Und ich wende sie an. Ich kenne die Medizin der Tiere. Und ich wende sie an.

Was bedeutet das?

Ich kenne die Kraft der Tiere, Pflanzen und Mineralien. Ich weiß, welchen Einfluss sie auf den Menschen haben. Ebenso kenne ich die Energien der Tiere. Mit ihnen und ihrer heilenden Kraft arbeite ich. Erinnere dich: Es gibt auf der Erde Wesenheiten, Essenzen: die Mineralien, die Pflanzen, die Tiere und die Menschen. Sie bilden die Welt, in der wir leben. Und sie sind alle miteinander verbunden. Keines kann ohne das andere leben. All das weiß ich. Ich weiß, dass sich meine Energie ändert, wenn ich einen Baum berühre. Meine Kraft ändert sich durch den Einfluss seiner Energie. Wenn ich mit ihm in Berührung bin und seine Energie durch mich hindurchfließen lasse, verändere ich mich. Meine Berührung ändert sich, wenn ich einen Baum berühre. Denn ich bin mit dem Baum. Und so ist es mit allen anderen Wesen. Wenn ich zuerst das Wasser berühre und anschließend dich, wird meine Berührung eine andere sein. Denn ich bin mit dem Wasser.

Dieses Empfinden für die Energien der Natur: Hat das jeder Mensch oder ist es eine Gabe, die nur wenigen geschenkt ist?

Jeder Mensch hat dieses Gespür. Nur haben die wenigsten von uns je Gelegenheit gehabt, es auszubilden. In der westlichen Welt ist es vollkommen unterentwickelt. Aber auch in meiner Welt ist es im Schwinden. Selbst so etwas Einfaches wie der Trommelträger ist nahezu verschwunden.

Warum?

Weil die Kirche die Trommeln verbrannt hat. Selbst die alten Namen der Eskimos sind verschwunden – weil jede und jeder einen christlichen Namen annehmen musste. Das alles geschah im 19. Jahrhundert. Und das Traurige ist: Es geschah, um den Tod eines Menschen zu feiern. Wir wissen, dass Neues entsteht, wo Leben stirbt. Aber in der christlichen Welt heißt sterben: tot sein. Für uns heißt es: neues Leben beginnt. Deshalb weinen wir nicht über die Toten. Wir feiern. Wir feiern die Schönheit des Lebens dessen, der gelebt hat. Und wir feiern, dass er sein Leben gegeben hat, damit neues Leben entstehen kann. Mit der christlichen Kirche ist eine ganz andere Einstellung gekommen. Deshalb ist der Sinn für die Verbundenheit mit der lebendigen Welt verloren gegangen.

Und genau darunter leidet die Welt heute. Der Klimawandel ist nur die Spitze eines Berges gewaltiger Probleme, die alle damit zu tun haben, dass unsere Zivilisation den Kontakt zur lebendigen Natur verloren hat. Braucht die Welt von heute die Weisheit der Schamanen?

Die Welt braucht nichts, aber die Menschen sind in großer Not. Ihnen fehlen die einfachsten Dinge: Zeremonien. Es fehlt ihnen, in Berührung miteinander zu sein, sich anzuschauen, sich wahrzunehmen und wertzuschätzen. Bei einer Mondzeremonie in der Schweiz forderte ich die Menschen auf, einen Kreis zu bilden. Sie wussten nicht, wie man einen Kreis bildet. Sie standen hintereinander – als ob sie nicht gesehen werden wollten, als ob sie nicht Teil einer gemeinsamen Welt sein wollten. Dabei ist es so wichtig, in einem Kreis zu stehen und die Schönheit der anderen Menschen zu sehen. Die Menschen wussten nicht, wie das geht. Dabei gibt es nichts Kraftvolleres für die Gesellschaft als Menschen, die zusammenstehen und ihre Schönheit wahrnehmen.

Das heißt: Das Wichtigste, was du den Menschen in der westlichen Welt bringst, ist das Wissen darum, wie Zeremonien gefeiert werden?

So ist es. Das Leben ist eine Zeremonie in sich selbst – wert, mit einer Zeremonie gefeiert zu werden. Das hat uns meine Großmutter gelehrt. Zeremonien müssen gelebt werden. Wir müssen ihnen Raum geben, sich zu entfalten. Wenn ich in der westlichen Welt eine Zeremonie halte, weiß ich, dass ich sie wachsen lassen muss. Unterbinde ich ihr Wachstum, wird sie sterben. Dann wird aus der lebendigen Zeremonie ein starres Ritual – so, wie es jahrhundertelang immer wieder geschehen ist. Ist eine Zeremonie erst einmal zum Ritual erstarrt, dann hat sie ihren *Geist* und ihre Kraft eingebüßt.

Meine Großmutter Aanakasaa hat uns immer wieder gesagt: »Das Schlimmste für mich wäre, wenn ich ein Ritual hinterließe. Ich möchte, dass die Zeremonien, die es gibt, lebendig bleiben. Deine Verantwortung ist es, dafür zu sorgen, dass nichts stirbt!« Meine Großmutter wurde 1893 geboren. Sie wurde von ihrer eigenen Großmutter aufgezogen, die selbst noch aus einer Welt stammte, in der das Bewusstsein dafür lebendig war, dass das Leben eine Zeremonie in sich selbst ist – und dass es das Leben wert ist, mit einer Zeremonie gefeiert zu werden. In dieser Tradition stehe ich. Ich habe mir meine Aufgabe nicht ausgesucht, aber ich weiß, dass es meine Verantwortung ist, dafür zu sorgen, dass der Sinn für die Zeremonien nicht stirbt, sondern sich ausbreitet und größer wird. Dieser Verantwortung will und muss ich gerecht werden.

Wie machst du das?

Als ich einmal von einer Reise zu einem Stamm in Ontario zurückkehrte, der mir die Ehre erweisen wollte, ihr Ältester zu sein, zeigte ich meiner Mutter das Geschenk, das man mir aus diesem Anlass überreicht hatte. Wie üblich, war es noch eingepackt. Ich gab es meiner Mutter und sagte: »Mutter, schau, was für ein wunderschönes Geschenk sie mir machen wollen. Sie wollen, dass ich ihr Ältester bin. Soll ich das machen?« Meine Mutter nahm das Geschenk, wog es in ihrer Hand, roch daran, betrachtete es und sagte: »Es ist sehr schön.« Ich fragte: »Mom, was soll ich tun?« Da gab sie es mir zurück und sagte: »Sohn, deine Aufgabe ist es, erwachsen zu werden und dich als würdig zu erweisen, Ältester dieser Menschen zu sein.«

Sie gab dir eine Aufgabe, sodass das Geschenk zu einer Herausforderung wurde.

Ja, und sie sagte nicht, was ich tun sollte, um mich als würdig zu erweisen. Ich musste es selbst herausfinden. Also fuhr ich zurück zum Rat dieses Stammes und sagte: »Ja, ich nehme die Ehre an, euer Ältester zu sein.« Dann nahm ich das Geschenk und packte es aus. So wurde ich Ältester – das war im Jahr 1991 –, und nun kamen Familien und erbaten meinen Rat, da ich ja ihr Ältester war. Und so lernte ich nach und nach, was es bedeutet, ein Ältester zu sein. Ich wurde erwachsen und wuchs in dieses Amt hinein. Es dauerte viele Jahre, aber nun bin ich ein Ältester.

Genauso geht es mir mit meiner Trommel. Ich wollte immer gern ein Träger der Trommel werden. Und so ging ich zu meinem Vater und fragte ihn, ob er damit einverstanden wäre. Das war im Jahr 1975. Er wollte sich nicht äußern und schickte mich zu den Ältesten. Ich folgte seinem Rat und ging auf die Reise. Bei den Ältesten angekommen, überreichte ich ihnen ein kleines Geschenk und fragte sie, ob ich Träger der Trommel werden könne. Sie standen eine Weile da. Jeder überlegte für sich. Nachdem eine Weile vergangen war und niemand Einspruch erhoben hatte, ergriff der Älteste von ihnen das Wort und sagte: »Angaangaq, wir nehmen dich als Schüler an. Du kannst mit dem Lernen beginnen.« Das war's. Nun dachte ich, dass sie mir Unterricht erteilen würden. Aber nichts dergleichen geschah. Niemand gab mir Unterricht. Es lag in meiner Verantwortung, nach einem Lehrer zu suchen und mich meiner Aufgabe als würdig zu erweisen.

Wie hast du das gemacht?

Indem ich genau hinschaute, mich einfühlte, das Gespräch suchte – vor allem aber, indem ich mich ganz auf das konzentrierte, was man braucht, um das Wesen der Trommel zu verstehen: das Gespür für das Herz, für das eigentliche Zentrum meines Seins in der Tiefe meines Bauchs. Trotzdem ließen sich die Ältesten 11 Jahre Zeit, bis sie mir die Trommel überreichten. Der Stamm der Utippuaat ließ 20 Jahre verstreichen, bevor sie mich zu ihrem Ältesten machten. Und bis ich

Schamane wurde, vergingen 57 Jahre. Es braucht Zeit, zur eigenen Berufung und zu sich selbst zu kommen.

Du musstest geduldig sein. Fiel dir das schwer?

Es wäre ein Leichtes gewesen, mir selbst eine Trommel zu bauen. Und du kannst mir glauben, dass ich mich oft genug bei meinem Vater beklagte: »Diese alten Leute wissen nicht, was sie tun!«, sagte ich dann. Mein Vater erwiderte nur: »Pssst. Ganz ruhig. Geduld!« Ich ging zu meiner Mutter und sagte: »Ich weiß doch, wie man trommelt. Ich weiß, wie man eine Trommel baut.« Sie sagte: »Hör auf deinen Vater!« Heute weiß ich, dass sie recht hatte. Denn heute habe ich nicht nur eine Trommel, sondern auch den Titel »Träger der Trommel«. Die Ältesten kamen, um mir diesen Titel zu verleihen. Das ist etwas ganz anderes. Heute habe ich den Titel »Ältester« – und den Titel »Medizinmann«.

Ich war sieben Jahre alt, als ich zum ersten Mal eine *Medizin* überreicht bekam. Es war der Flügel der Schneeammer – eines kleinen Vogels, den wir den »Verkünder des neuen Jahres« nennen. Diese *Medizin* trug ich für viele Jahre an meinem Gürtel – so lange, bis sie ganz abgenutzt war. Ich weiß nicht, wie viel *Medizin* ich heute habe. Ich trage sie alle – manche im Herzen, andere begleiten mich auf meinen Reisen. Denn heute weiß ich, wie man eine *Medizin* trägt. Und wie man sie nutzt. Es hat lange gedauert, dieses Wissen zu erwerben und es gut anzuwenden – so, dass ich dich mit dieser *Medizin* in deinem Innersten heilen kann – in deinem Innersten, das größer ist als der Große Himmel; so, dass ich in deinem Innersten etwas finde, das dich durchatmen lässt – dich im Gleichgewicht sein lässt; so, dass du aufrecht und kraftvoll gehst – so, wie es deiner Bestimmung entspricht, jetzt und alle Zeit.

Was du erzählst, klingt in westlichen Ohren wie eine Sage aus einer anderen Welt. Denn für gewöhnlich bringen wir nicht mehr diese Ge-

duld auf, und der Rhythmus des Lebens scheint völlig anders zu sein; wenn er nicht sogar ganz erstarrt ist. Denn du sprichst oft davon, dass die Herzen der Menschen gefroren sind – und dass du es als deine Aufgabe betrachtest, das Eis in ihren Herzen zu schmelzen. Warum?

Ich bin immer auf Reisen gewesen. Schon als ich ein Baby war. Später musste ich weite Strecken zurücklegen, um zur Schule zu gehen. Fünf Jahre lang. 1966 kam ich dann aufs College. Drei Jahre später hatte ich meine Prüfungen bestanden und begann, beruflich unterwegs zu sein. Und je länger und weiter ich reiste, desto mehr begriff ich, dass diese Welt viel größer ist als die Welt, in der ich aufgewachsen war. Meine Heimat war ein kleines Dorf. Von dort in die große Welt – das war ein weiter Weg, eine Zeitreise. Ich begriff: Die Welt, aus der ich kam, war eine alte Welt. Aber ich musste dort nicht mehr leben. Ich konnte mich in der modernen Welt gut zurechtfinden. Ich hatte meinen Aktenkoffer, meinen Anzug, meine feinen Schuhe. Ich reiste durch die westliche Welt und sah aus wie jedermann sonst. Aber ich war nicht wie jedermann sonst. Immer, wenn ich auf internationalen Konferenzen sprach, applaudierten mir die Menschen – mir, diesem smarten jungen Eskimo. Sie applaudierten, aber sie änderten sich nicht.

Viele Jahre gingen so ins Land. Jedes Mal, wenn ich nach Grönland zurückkehrte – was sechs oder sieben Mal im Jahr geschah –, musste ich meinen Leuten auf einer Landkarte zeigen, wo ich wieder überall gewesen war. Und sie fragten mich: »Wie weit ist es?« Dann sagte ich: »Bis dahin habe ich fünf Stunden gebraucht, bis dorthin sechs Stunden.« Aber sie fragten weiter: »Wie weit ist es?« – Sie wollten nichts von Stunden hören. Denn Stunden bedeuten den Menschen in Grönland nichts. Sie fragten: »Wie lange ist eine Stunde?« Sie kommen aus einer anderen Welt – aus der Welt, in der ich aufwuchs. Deswegen konnte ich ihre Frage verstehen. Und so lernte ich, auf andere Weise von meinen Reisen zu erzählen. Doch die wichtigste Lektion stand mir noch bevor.

Was für eine Lektion war das?

Als ich wieder einmal von einer meiner Reisen zurückkehrte, erzählte ich den Ältesten, dass mir die Leute nach einem Vortrag lange Standing Ovations gegeben hatten. Mein Vater war damals auch zugegen, und nachdem ich meine Erzählung beendet hatte, fragte er mich: »Sohn, haben sie dich gehört?« Ich sagte: »Vater, sie haben mir eine Viertelstunde lang applaudiert!« Er schaute mich an und sagte: »Ja, aber haben Sie dich gehört?« Damals begann ich zu begreifen. Eines Tages ging ich zu meiner Mutter und sagte: »Mom, ich mache meine Sache nicht gut. Die Menschen hören mir zu und applaudieren. Dann gehen sie nach Hause, und nichts ändert sich. Wenn ich wiederkomme, ist alles beim Alten geblieben.« Und da sagte sie mir, ich müsse lernen, das Eis in den Herzen der Menschen zu schmelzen. Sie sagte: »Nur indem wir das Eis im Herzen der Menschen schmelzen, hat der Mensch die Chance, sich zu ändern und sein Wissen weise anzuwenden.« Meine Mutter ist vor vielen Jahren gestorben. In diesen Worten ist zusammengefasst, was sie mich gelehrt hat: Die Menschen müssen lernen, das Eis in ihren Herzen zu schmelzen und ihr immenses Wissen weise anzuwenden.

Das Wissen weise anwenden – das bedeutet: mit dem eignen Herzen in Verbindung zu stehen?

Wir haben uns so weit von unseren Gefühlen entfernt. Wir sind dauernd beschäftigt. Erinnere dich: Wir haben verschiedene Energie-Ebenen. Aber meistens sind unsere Energien blockiert. Nichts ist im Fluss. Du weißt, dass unser Blut durch unsere Adern pulsiert. Genau wie unsere Energie. Aber wir blockieren ihren Fluss. Das macht uns krank – körperlich und seelisch. Überall auf der Welt geschieht das. Die Menschen sind nicht mehr mit sich selbst verbunden. Wir wissen nicht mehr, wie es sich anfühlt, berührt zu werden. Und es gibt viele Weisen, sich berühren zu lassen. Du kannst zornig auf dich sein, oder du kannst dich lieben. Das Spektrum, dich berühren zu lassen, ist groß. Aber wir wissen nicht mehr, wie das geht. Wir wissen weder, wie wir uns berühren lassen, noch wie wir selbst berühren. Vor lauter Aktivität verbinden wir uns nicht mehr mit den Gefühlen in uns. Und wenn wir das nicht mehr können, geraten wir ins Ungleichgewicht. Sind die Menschen im Ungleichgewicht, dann geht es auch mit der Welt im Ganzen bergab. Deshalb sagte meine Mutter: »Nur indem wir das Eis im Herzen der Menschen schmelzen, hat der Mensch die Chance, sich zu ändern und sein Wissen weise anzuwenden.« Wenn aber das Eis geschmolzen ist, werden die Menschen sich ihrer selbst bewusst werden. Dann werden sie sich näherkommen.

Bedenke: Die größte Entfernung im Leben eines Menschen ist die von seinem Verstand zu seinem Herz. Wir glauben, dass die Sterne weit von uns entfernt sind. Die Entfernung vom Verstand zum Herz ist größer. Das musst du dir klarmachen – dass wir abgespalten sind, dass wir unsere eigene Realität vergessen haben –, dass das, was die meisten für wirklich halten, in Wahrheit eine Illusion ist. Eine Illusion aber kann leicht erschüttert werden. Erinnere dich: Ein kleiner Sturm namens Katharina hat das Leben Tausender Menschen zerstört, ein Wirbelsturm in Bangladesch hat in wenigen Minuten 135.000 Menschen getötet. Was wir für wirklich halten, ist so zerbrechlich. Es ist nicht gegründet in der Wirklichkeit, die in dir ist.

... dieser Wirklichkeit, mit der wir dann in Verbindung stehen, wenn es uns gelingt, unser Denken mit unserem Herzen zu verbinden.

Genau.

Aber wie du sagtest: Die Kluft ist riesig.

... die größte Kluft im Leben der Menschheit! Deswegen sagte mein Vater: »Nur wenn du diese Entfernung in dir zu Bewusstsein bringst, kannst du anfangen zu lernen – zu lernen, wie ein Adler zu segeln. Und nur dann wirst du begreifen, wie unermesslich groß du in deinem Inneren bist. Bedenke: Wir glauben, der Himmel sei unermesslich. Niemand hat dir je gesagt, dass du selbst in deinem Inneren unermesslich bist. Deine Eltern haben es dir nicht gesagt, deine Großeltern haben es dir nicht gesagt. In der Schule hat man es dich nicht gelehrt, nicht in der Universität und nicht in der Kirche. Niemand hat dir je davon erzählt. Und deshalb meinst du, die großen Dinge seien irgendwo außerhalb deiner selbst. Dabei sollten wir von Kindheit an lernen: Wir sind groß in unserem Inneren.

Jeder Mensch ist in sich so vielschichtig, dass du ihn niemals ganz kennen wirst; geschweige denn, dass du dich selbst jemals ganz kennen wirst. Es ist wirklich verrückt: Irgendwann hat jemand aus meiner Familie einmal festgestellt, dass es mit dem Glauben der Christen doch etwas auf sich hat. Meine Großmutter lächelte. Heute, als alter Mann, weiß ich, dass meine Großmutter immer dann lächelte, wenn sie eine Antwort hatte. Sie lächelte also ihr schönes Lächeln und sagte: »Oh, ist das nicht schön? Weißt du: Du behauptest, Gott zu lieben, aber du solltest besser zunächst einmal dich selbst lieben.« Da dachte ich: »Ah, sie möchte, dass ich zunächst einmal mich selbst liebe, bevor ich Gott liebe.« Und sie erklärte: »Wie kannst du je Gott lieben, wenn du dich selbst nicht liebst?«

Sich selbst lieben – heißt das: diese Unermesslichkeit in uns selbst anzunehmen?

Absolut (klatscht in die Hände).

Und um noch einen Schritt weiterzugehen: Ohne dass wir die Unermesslichkeit in uns selbst erkennen, wird es keinen Wandel in der Welt geben?

Genau!

Wie unterstützt du die Menschen dabei, die Unermesslichkeit in sich selbst zu erkennen, sodass sich der notwendige Wandel in der Welt ereignet?

Zeremonie. Das Leben ist eine Zeremonie in sich selbst – wert, mit einer Zeremonie gefeiert zu werden. Vor einiger Zeit wurde ich bei einem Radiosender in New York interviewt. Der Interviewer fragte mich: »Uncle – warum Schamanismus?« Ich dachte kurz nach und sagte: »Weil ihr die Zeremonie des Lebens vergessen habt. Wenn du nach Manhattan kommst, triffst du Menschen, die keine Zeit für gar nichts haben. Sie tun, was sie immer tun; und was sie immer tun, nimmt so viel Zeit in Anspruch, dass sie für nichts anderes mehr Zeit haben. Das Gleiche geschieht überall auf der Welt: Wir sind so geschäftig, dass wir überhaupt nicht mehr daran denken, dass das Leben gefeiert werden will.« – Schau aus dem Fenster! Siehst du den Schnee fallen? Ist das nicht hinreißend? Was für ein wundervolles Gefühl – sich hinzulegen, den Schnee auf sich fallen zu lassen, sich von ihm bedecken zu lassen: dann fühlst du die Welt! – Aber niemand tut das. Das Leben ist es wert, gefeiert zu werden. Das ist es, was ich tue.

Das klingt ziemlich einfach. Es scheint, als sei es jedermann möglich, den Sinn für Zeremonien wieder zu erwecken. Könnte man sagen, dass der Schamanismus – dessen Essenz es ist, Zeremonie zu sein – die globale Spiritualität für unsere Erde ist?

Aber natürlich. Die Welt ist in großer Not. Sie braucht den Schamanismus. Erinnere dich: In allen Weltreligionen haben wir unsere Sache nicht sonderlich gut gemacht. Denk nur an Abraham und seine schönen Lehren: Wir haben sie nicht verstanden. Dann kam Moses mit seinen unglaublichen Unterweisungen. Es folgte Zoroaster mit wundervollen und kraftvollen Lehren, dann Krishna, dann Buddha, dann Christus, dann Muhammad, dann Baha'u'llha – aber wir haben nichts getan. Im Gegenteil: In der Welt von heute sehen wir so viele Kriege.

Sie gründen in den Religionen. Die schönen Lehren aber haben wir vergessen. Wenn ich in der westlichen Welt unterwegs bin, frage ich die Menschen manchmal: »Erinnerst du dich an die schönen Lehren von Christus?« Dann schauen sie mich an und fragen: »Was meinst du?«

Was meinst du?

Hättest du die schönen Lehren Christi verstanden, würdest du nie auf die Idee kommen, sie in Konfessionen zu zerteilen. Das Gleiche gilt für die Lehren Abrahams, Moses', Zoroasters, Krishnas, Buddhas, Muhammads, Baha'u'llhas. Niemals würdest du die unglaublich kraftvollen und schönen Lehren Muhammads zerteilen. Niemand, absolut niemand, würde das jemals tun. Christus muss sich permanent im Grabe umdrehen, wenn er daran denkt, dass es 1500 verschiedene christliche Kirchen gibt. Was, um Himmels willen, haben wir getan? Erinnert sich noch jemand an die Schönheit Christi? Es scheint nicht so. Niemand kennt noch die einfache Schönheit seiner Lehren. Wir haben alles so kompliziert gemacht! Das ist beim Schamanismus anders! Ja, dort ist es ganz einfach!

Meinst du, dass Christen die Schönheit der Lehren Jesu wieder entdecken können, wenn sie mit dem Schamanismus in Berührung kommen?

Gewiss! Durch die Zeremonien werden wir wieder in die Lage versetzt, die Schönheit der großen Lehrer zu erkennen – ohne sie zu zerteilen. Bedenke: Sie sind nicht alle zur gleichen Zeit gekommen. Sie kamen einer nach dem anderen. So, wie wir in unserer Entwicklung verschiedene Grade durchschritten haben, so haben uns auch die großen Lehrer auf unterschiedlichen Niveaus unterwiesen. Es ist ein Fortschritt – ebenso, wie auch du in deinem Leben voranschreitest: aus der Gebärmutter deiner Mutter in die Arme deiner Mutter, dann krabbeltest du ihr davon, dann standest du auf und begannst zu gehen. Heute rennst du. Als Nächstes wirst du – hmmm – segeln – zu einer neuen Höhe der Wirklichkeit in dir.

Und dazu gibt uns der Schamanismus die nötige Inspiration?

Alles andere hat bislang nicht funktioniert. Ich habe viel darüber nachgedacht. In letzter Zeit bin ich dauernd auf Reisen: vom Gipfel der Welt bis zu ihrem anderen Ende und in der westlichen Hemisphäre. Ich weiß nicht, wie oft ich in Europa war. In diesem Dreieck habe ich immer wieder gedacht: »Wow, hier ist so viel Schönheit! Aber niemand sieht sie. Es ist, als habe irgendjemand den Menschen die Augen verbunden, sodass sie nichts mehr sehen können. Es ist, als habe jemand die geistig-spirituelle Entwicklung der Menschen angehalten. Alles ist wie gefroren. Jetzt verstehe ich, was meine Mutter meinte. Ich verstand es schon, als sie starb. Damals bekam sie etwa 150 Briefe aus aller Welt – eine Frau aus einem kleinen Dorf von drei Häusern und 20 Einwohnern. 150 Briefe aus aller Welt. Sie hatte das Eis in den Herzen zum Schmelzen gebracht. Sie hatte Leben verändert. Ich habe einige der Menschen, die diese Briefe schrieben, gekannt. Ich war dabei, als meine Mutter buchstäblich ihr Gesicht berührte – und ihr Herz und wie sie ihnen einen kleinen Kuss gab. Mehr tat sie nicht.

Und bewirkte doch einen echten Wandel.

Ja, sie räucherte nicht, sie veranstaltete keine Zeremonien, so wie ich das tue. Sie berührte die Menschen – und verwandelte sie in ihrem tiefsten Inneren. Ich erinnere mich gut daran, wie meine Mutter, die eine kleine Frau war, mit einem Mann sprach, der mindestens zwei Meter groß war. Meine Mutter stand vor diesem Mann, zupfte ihm am Mantel und zog ihn zu sich hinunter. Sie stand auf ihren Zehen und berührte das schöne Gesicht dieses Mannes, blies in ihre Hände und legte sie auf sein Herz. So verblieb sie eine Weile. Dann blies sie wieder in ihre Hände, schaute ihn an und sagte in der Eskimo-Sprache: »Ich liebe dich.« Dann entließ sie ihn. Der Mann stand auf, die Tränen liefen über sein Gesicht. Er verstand die Eskimo-Sprache nicht. Er war ein Schriftsteller, und später schrieb er, dass es einer der wichtigsten Augenblicke seines Lebens war, als Mutter sein Herz berührte und ihm sagte: »Ich liebe dich.«

Für uns Menschen des Westens ist das schwer verständlich. Wir meinen: Um etwas zu verändern, müssen wir handeln, Projekte verfolgen, Kongresse abhalten. Was hältst du davon?

Manchmal denke ich mir: Wäre es nicht besser, wenn wir uns einfach nur berühren würden? Uns einfach nur an den Händen hielten? Einfach nur im Mondlicht stünden oder den Sonnenaufgang anschauten? Oder gemeinsam den Geburtstag unserer Kinder feierten? Und die Schönheit der erwachten Verbindung zwischen uns erkennen würden. Weißt du noch, als wir zusammen in Fulda im Café saßen? Uns alle überkam ein wunderbares Gefühl der Zusammengehörigkeit. Ich hatte nichts dazu getan. Genauso, als ich mit dir im Kindergarten bei deinen Kindern war. Ich tat nichts, aber alles änderte sich. Die Kinder fingen an zu lächeln, sie hatten Tränen in den Augen und umarmten sich. Das war alles. Dazu bedurfte es keines Wunders. Alles, was es brauchte, war: Ich liebe dich.

NACHWORT DES HERAUSGEBERS

In der Nacht hatte es Eis geregnet. Mit vier Stunden Verspätung war ich deshalb in Budapest gelandet. Nun brachte mich ein Taxi durch einen trüben Morgen zum ehrwürdigen Palast der Akademie der Wissenschaften, wo ich den Mitgliedern des *World Wisdom Council* begegnen sollte. Als ich den Vortragssaal betrat, hatte die Veranstaltung längst begonnen. Ich setzte mich an den Rand und ließ meine Blicke über das Auditorium schweifen – in der Hoffnung, Ernst-Ulrich von Weizsäcker zu erspähen, der mich hierher eingeladen hatte. Stattdessen blieb mein Blick bei einem Mann mit schulterlangem grauem Haar hängen. Er lenkte meine ganze Aufmerksamkeit auf sich, und ich fragte mich, wer das wohl sein könnte. Da drehte er sich um und unsere Blicke kreuzten sich. Damals maß ich dem nicht viel Bedeutung bei. Heute weiß ich, dass auf diese Weise eine der wichtigsten Freundschaften meines Lebens begann.

In der Pause kam der Mann auf mich zu. Ich war überrascht, wie klein er ist, hatte instinktiv einen 1,90-Meter-Riesen erwartet. Er schaute mich mit leicht geneigtem Kopf von unten an und sagte: »I am your Uncle from Greenland.« Ohne zu wissen, warum, antwortete ich: »I know« – und dann nahm er mich in den Arm. Der Eisregen hatte aufgehört. Draußen setzte sich die Sonne durch und ließ die nahe Donau silbern funkeln. Ich hatte Angaangaq kennengelernt: den Mann, der das Eis in den Herzen der Menschen zum Schmelzen bringt.

Mein Auftrag in Budapest lautete: Repräsentanten des *World Wisdom Council* zum Evangelischen Kirchentag nach Hannover einladen, dessen Programmchef ich damals war. Die Mission verlief erfolgreich, und so konnte ich ein halbes Jahr später Angaangaq wiedersehen. Als Verantwortlicher hatte ich kaum Muße, mich der Veranstaltung zu widmen, bei der er mitwirken sollte, aber ganz wollte ich sie mir doch nicht entgehen lassen. Es war eine der bemerkenswertesten Veranstaltungen, die ich in meiner Zeit beim Kirchentag organisiert hatte: Neben den Vertretern des *World Wisdom Council* waren Mary Robinson, Wangaari Maathai und Herbert Grönemeyer gekommen, um darüber zu reden, wie wir mehr Weisheit in die Welt bringen können. Den Auftakt sollte Angaangaq machen. Und dort stand er nun in der vollen Messehalle 4 allein mit seiner Windtrommel auf der Bühne und sang. Der Mann, der in einem winzigen Dorf im Norden Grönlands das Licht der Welt erblickt hatte, sang auf dem Evangelischen Kirchentag 2005 in Hannover vor 4000 Menschen ein uraltes Eskimo-Lied. Mich berührte das zutiefst. Andere nicht: Ein sichtlich erregter Mann trat an mich heran und rief erbost: »Sorgen Sie dafür, dass dieser Teufel verschwindet!« Wieder flog mir die Antwort zu. Ich sagte: »Beruhigen Sie sich, dieser Mann redet mit Gott.« Heute weiß ich, dass das die Wahrheit war.

Nach und nach lernten wir uns besser kennen. Dass aus den sporadischen Kontakten eine Freundschaft wurde, deren Frucht dieses Buch ist, verdankt sich nach meiner Erinnerung aber vor allem einer Begegnung im Januar 2006. Wir trafen uns beim *World Spirit Forum* in Arosa – einer heillos chaotischen Veranstaltung, an deren Rande ich mich unversehens mit Angaangaq in der Sauna traf. Schweißgebadet schauten wir gemeinsam durch die Panoramascheibe auf die verschneiten Berge. Und erstmals erzählte mir Angaangaq von seiner Heimat in Grönland. Auch ohne die 90 Grad des Saunaofens hätte er mir dabei das Eis im Herzen geschmolzen. Ich fühlte eine tiefe innere Verbundenheit mit diesem Mann. Und fortan war mir klar, dass er in meinem Leben eine besondere Bedeutung haben würde.

Bei diesem denkwürdigen Saunabesuch lernte ich auch Angaangaqs Frau Sinikka kennen – was dazu führte, dass ich im Familienjargon der beiden als »Sinikkas Sauna-Compagnion« geführt werde. Ihr sei bei dieser Gelegenheit mein tiefster Dank ausgesprochen. Ich glaube nicht, dass ohne Sinikka dieses Buch je entstanden wäre. Jedenfalls habe ich immer wieder erlebt, welche außerordentliche Unterstützung Angaangaq von dieser wunderbaren Frau bekommt. Es ist schön, die beiden als Paar zu erleben.

Auf Arosa folgten weitere Begegnungen. Von Anfang an war mir Angaangaqs Fähigkeit aufgefallen, einen *Geist* der Verbundenheit und Gemeinschaft um sich zu verbreiten. Ohne großes Aufheben um sich zu machen, berührte er die Menschen im Innersten und stiftete auf diese Weise ein starkes Gefühl der Zusammengehörigkeit. Weil ich ihn darüber hinaus für seine kraftvollen, einfachen und beherzten Worte liebte, lud ich ihn – wo immer ich konnte – zu Veranstaltungen ein, zu deren Organisatoren ich gehörte: zur Spirituellen Sommerakademie in Hombroich, zum *World Spirit Forum*, zu gemeinsamen Abenden bei mir daheim in Fulda.

Nach und nach begriff ich, dass in Angaangaqs traditioneller Welt ein Reservat an Weisheit, Lebendigkeit und Schönheit liegt, das mir als in der Wolle gefärbtem westlichem Intellektuellen und Philosophen bis dato verschlossen war. Das war eine aufregende Entdeckung. Zumal es mir so schien, als fände ich in den Worten und Zeremonien Angaangaqs eine lebendige Erscheinungsform dessen, was ich als Essenz der von mir jahrelang studierten und geliebten griechischen Philosophie kannte: eine Weisheitslehre und Lebenskunst, die sich mit Leidenschaft dem Diesseits zuwendet; die das Leben in der Mannigfaltigkeit seiner Erscheinungen feiert und dabei doch eine erfrischende Einfachheit atmet; deren Ethos mich dazu anhält, mich immer und überall um ein harmonisches Gleichgewicht zu bemühen. Und ich fand in seinen Worten vieles von dem, was mir aus meinen spirituellen Studien heilig geworden war: das Wissen darum, dass es im Leben um nichts anderes geht als um ein liebendes Herz – eines, das von dem Frost des instrumentellen und zweckrationalen Denkens unserer westlichen Welt befreit ist.

Ich war bewegt davon, wie einfach bei Angaangaq tiefe Einsichten klangen. Und mir wurde bewusst, wie recht er hatte, wenn er wieder und wieder sagte, das Leben sei eigentlich einfach – nur wir seien diejenigen, die es kompliziert machten. Mir gefiel, wie kraftvoll er die Menschen an einfachste Wahrheiten des Lebens erinnerte: »Ein Mann ist ein Mann und eine Frau ist eine Frau. Es ist nicht gut, wenn Männer Frauen und Frauen Männer sein wollen.« Für solche Worte hätte ich ihn umarmen können – und kann es noch heute. Oder für seinen Satz: »Das schönste Gebet ist ein Mensch, der kraftvoll, aufrecht und in Schönheit über die Erde wandelt.« Das war mir aus der Seele gesprochen.

Irgendwann im Herbst 2006 hatte ich das Vergnügen und die Ehre, bei einer von Angaangaq geleiteten Schwitzhütten-Zeremonie teilzunehmen. Das war das erste Mal, dass ich ihn in einem Rahmen erlebte, der aus seiner indigenen Tradition stammte – auch wenn die Zeremonie auf einem Bauernhof am Main stattfand. So erfuhr ich hautnah, welches spirituelle Kraft- und Energiezentrum hinter seinen kraftvollen Worten steht. Und so reifte langsam in mir der Wunsch, dieses Geschenk, das mir dort zugefallen war, in Gestalt eines Buches weiterzugeben.

Was ich nicht ahnte, war, dass Angaangaq einen ähnlichen Gedanken im Herzen bewegte. Bei einem Besuch in Fulda erzählte er mir dann aber von seinem Plan, ein Buch zu schreiben. Und ich war zutiefst gerührt, dass er mich bat, dies gemeinsam mit ihm zu tun. Ich sagte sofort zu, auch wenn ich ahnte, welche Verantwortung ich mir damit aufladen würde. Denn ein Buch zu schreiben, bedeutete für Angaangaq viel mehr als für mich westlichen Vielschreiber. Er wollte ein Buch, das der Lehren seiner Ältesten würdig ist. Er wollte ein lebendiges Buch, das die Menschen im Herzen berührt. Er wollte ein Buch, das den *Geist* seiner Leserinnen und Leser erhebt und beflügelt. Und ich sollte eine Sprache dafür finden! Ich habe mein Bestes gegeben. Und ich hoffe, dieser Verantwortung gerecht geworden zu sein.

Im Herbst 2008 begannen wir in der *Villa Unspunnen* vis-à-vis von Eiger, Mönch und Jungfrau mit einer ersten Sequenz von Interviews. Es war großartig, Angaangaq, der sonst immer mit einem dichten Terminkalender bestückt war, für zwei Tage ins Gespräch verwickeln zu können. Weitere Interviews folgten, insgesamt rund 15 Stunden, die ich abschrieb und übersetzte. Eine aufregende Arbeit. Denn mit jeder Zeile, die ich zu Papier brachte, fühlte ich mich Angaangaq näher. Manchmal konnte ich seine Gedanken und meine Worte nicht mehr auseinanderhalten.

Kurz vor der Fertigstellung des Buches erfüllte sich dann ein lang gehegter Traum von mir: Es ergab sich die Gelegenheit, Angaangaq in seiner grönländischen Heimat zu erleben. Lange schon war er mit dem Projekt umgegangen, eine Zeremonie des Heiligen Feuers in Grönland zu begehen. Jedes Mal, wenn wir uns sahen, war er voller Eifer und neuer Pläne dafür. Und ich spürte, mit welch starker Energie er seiner Vision folgte. Das heißt: Eigentlich war es nicht seine Vision, sondern eine alte Prophezeiung der Eskimos, die ihn beflügelte: Einst werde es möglich sein, ein Feuer vom Holz grönländischer Bäume zu entfachen. Wenn dies geschehe, sei die Zeit des großen Wandels gekommen. – Dass diese Zeit angebrochen ist, davon ist Angaangaq überzeugt. Und er gibt sich keiner Illusion darüber hin, dass diese Zeit gigantische Herausforderungen an die Menschheit stellen wird, deren Ausmaß wir ahnen können, wenn wir uns mit den voraussichtlichen Folgen der globalen Klimaerwärmung befassen. Dieser Prozess, da ist Angaangaq sich sicher, ist unumkehrbar. Das Eis der Polkappen wird schmelzen und der Meeresspiegel der Ozeane wird steigen. Und wir Menschen werden nur dann in der Lage sein, den Folgen dieser gravierenden Veränderungen zu begegnen, wenn wir das Eis in unseren Herzen auftauen und damit beginnen, unser Wissen weise anzuwenden.

Das Eis in den Herzen zu schmelzen: Dazu bedarf es der unendlichen Energie der Liebe. Diese kosmische oder globale Liebesenergie zu entfachen – dazu ist das Heilige Feuer in Grönland entzündet worden. Es war eine kraftvolle Zeremonie, die Angaangaq im Juli 2009 in der Grönländischen Tundra veranstaltete – in der Gegenwart und Mitwirkung von Schamanen und Ältesten, die aus allen Kontinenten den Weg in die Mitternachtssonne angetreten waren. Und es ist meine

Hoffnung, dass dieses Buch einen Funken jenes Heiligen Feuers trägt, der auch Ihr Herz entfacht und Sie zu einem kraftvollen, aufrechten und liebevollen Leben in Schönheit und Weisheit beflügelt.

Bei der spirituellen Sommerakademie 2007 überreichte mir Angaangaq die Feder einer Schneegans. Damals verstand ich noch nicht, was es mit den Gaben eines Schamanen und Ältesten auf sich hat. Heute weiß ich, dass es an mir liegt, dieser Gabe gerecht zu werden. Jedes Mal, wenn ich Angaangaq treffe, fragt er mich, ob ich inzwischen fliegen oder gar segeln könne. Und jedes Mal erwische ich mich dabei zu sagen, dass ich mich auf dem Weg dazu sehe. Dieses Buch schreiben zu dürfen, hat mich auf diesem Weg weit vorangebracht. Möge es auch Ihnen Begleiter und Wegweiser auf dem Weg in Ihre ureigene Heimat bei sich selbst sein.

Neben Angaangaq gilt mein Dank allen voran Oona Leibundgut, seiner unermüdlichen Assistentin, ohne die weder die Termine für unsere Begegnungen noch so manche passende Übersetzung der Worte Angaangaqs zustande gekommen wäre. Und ich danke meiner Frau Christine, die mir immer wieder den Rücken freigehalten hat, damit dieses Buch entstehen konnte.

Christoph Quarch
im Frühjahr 2010

BIOGRAFISCHE NOTIZEN

Angaangaq* ist ein Kalaallit-Eskimo-Ältester aus Westgrönland, der von seinem Volk in den Rang des Angakkoq-Schamanen berufen wurde. Sein Name bedeutet wörtlich übersetzt: »der Mann, der aussieht wie sein Onkel«. Angaangaq wurde 1947 in Kalaallit Nunaat im Norden von Grönland geboren. Er entstammt einer Familie, aus der seit vielen Generationen traditionelle Heiler hervorgegangen sind. Sein Vater Aataa Aataqqii war für die grönländische Regierung tätig. Schon in seiner Kindheit wurde er von seiner Mutter Aanaa Aanaqqii und seiner Großmutter Aanakasaa auf seine Aufgaben vorbereitet.

Angesichts der ökologischen Krise und der klimatischen Veränderungen in seiner Heimat erhielt er als junger Mann von den Ältesten seines Volkes den Auftrag, die spirituelle Botschaft der Eskimos als »Läufer« in alle Welt zu tragen. Diese Aufgabe führte ihn während der vergangenen 30 Jahre in 50 Ländern auf allen fünf Kontinenten. Er gilt als das spirituelle Oberhaupt der Inuit-Stämme und ist Repräsentant der arktischen Ureinwohner bei den Vereinten Nationen. In dieser Funktion trat er bereits vor der Vollversammlung der Vereinten Nationen auf, ist darüber hinaus regelmäßiger Delegierter bei der UN-Umweltschutzbehörde, dem permanenten UN-Forum für Indigene Angelegenheiten, dem UN-Rat für Religion und Spiritualität sowie dem UNESCO-Ausschuss für Ozeane, Fischerei und Jagd. Er ist Mitglied des *World Wisdom Council*, des *World Council of Elders*, des *Club of Budapest* sowie Begründer der *Sirmiq Attuq LLC.*, einer Organisation, die auf den Lehren und Praktiken der Eskimo-Kalaallit basiert.

In der *World Commission on Global Consciousness and Spirituality* fungiert er als Verbindungsglied zu den indigenen Kulturen der Welt. Gleichzeitig reist er um die Welt und trifft sich innerhalb von Heil-

---

* Text mit freundlicher Genehmigung von Geseko von Lüpke

und Ratskreisen kleinerer Gemeinschaften mit indigenen Ältesten, um deren Anliegen vor Ort zu erkennen und an offizielle Stellen weiterzuleiten. Im Juli 2009 veranstaltete er bei Kangerllusuaq in Westgrönland eine *Sacred Fire Ceremony* mit Schamanen und Ältesten aus aller Welt.

In der Tradition der Eskimo-Kalaallit aus Westgrönland gilt der Titel »Angakkoq« als spiritueller Rang für einen Schamanen. Im Januar 2006 wurde Angaangaq von seinem Volk zu diesem Dienst berufen. Seit der *Sacred Fire Ceremony* im Juli 2009 trägt er den Ehrentitel »Angakkorsuaq« – Großer Schamane. In seiner Arbeit verbindet er das Wissen der westlichen Wissenschaft mit der traditionellen Weisheit der arktischen Völker. Er leitet verschiedene von ihm gegründete Kreise in Nordamerika und Europa und veranstaltet Intensiv-Seminare und Schwitzhütten-Zeremonien auf der ganzen Welt.
www.icewisdom.com.

Christoph Quarch, Dr. phil., geb. 1964 in Düsseldorf, ist freischaffender Philosoph und Publizist. Er hat zahlreiche Bücher zu Themen von Spiritualität und Philosophie geschrieben, zuletzt *Eros und Harmonie* (2006), *Die Macht der Würde* (2006), *Die Erotik des Betens* (2008) und *Unsere Welt ist heilig* (2009). In seinen Seminaren vermittelt er die von ihm im Anschluss an die Platonische Philosophie entwickelte »Erotische Lebenskunst«. Er ist ein vielgefragter Vortragender auf Kongressen und Kirchentagen, Autor verschiedener spiritueller und kirchlicher Zeitschriften und Organisator großer Tagungen und Kongresse (Deutscher Evangelischer Kirchentag, Spirituelle Sommerakademie Hombroich, World Spirit Forum Arosa, Wörishofener Herbst). Christoph Quarch ist Mitglied im Spirituellen Beirat der *Villa Unspunnen* (Interlaken/CH) und Initiator der *Invitation to Global Spirituality* (www.global-spirituality.info) Er lebt mit seiner Frau Christine und seinen Kindern Immanuel und Martha in Fulda. Weitere Informationen unter *www.lumen-naturale.de*

BILDERLÄUTERUNG

Seite

- 16 Zeremonie für die Ahnen, Aajuittup Tasersua, Westgrönland, 15. Juli 2009
- 20 Zeremonie für die Ahnen, Aajuittup Tasersua, Westgrönland, 15. Juli 2009
- 26 Sacred Fire Ceremony, Aajuittup Tasersua, Westgrönland, 19. Juli 2009
- 35 Angaangaqs Schamanen-Medizin
- 42 Sacred Fire Ceremony, Aajuittup Tasersua, Westgrönland, 15. Juli 2009
- 46 Angaangaq mit Qilaut und der *Medizin* des Schwans (Flügel)
- 62 Rauch kreieren mit Weißem Salbei
- 66 Fire & Ice Ceremony, Sermersuaq, Westgrönland, 19. Juli 2009
- 73 *Medizin* der Adlerfedern
- 80 *Medizin* des Blauwals (Schwanzknochen)
- 84 Heilungszeremonie mit Qilaut
- 91 Inushuks (Steinmarkierungen) vor dem Sermersuaq, Westgrönland
- 93 *Medizin* des Eisbären (Zahn)
- 101 Zeremonie mit Qilaut und der *Medizin* des Schwans (Flügel)
- 106 Weißer Salbei
- 108 Geflochtenes Süßgras
- 113 Fire & Ice Ceremony, Sermersuaq, Westgrönland, 19. Juli 2009
- 126 Geflochtenes Süßgras
- 131 Christoph Quarch und Angaangaq bei der Sacred Fire Ceremony, Aajuittup Tasersua, Westgrönland, 19. Juli 2009
- 135 Zeremonie zum Bau eines Inussuk im Rahmen der Sacred Fire Ceremony, Aajuittup Tasersua, Westgrönland, 19. Juli 2009
- 142 Angaangaq mit Qilaut und der *Medizin* des Schwans
- 149 Zeremonie zum Bau eines Inussuk im Rahmen der Sacred Fire Ceremony, Aajuittup Tasersua, Westgrönland, 19. Juli 2009

168 Angaangaq mit Dr. Jane Goodall bei der Sacred Fire Ceremony, Aajuittup Tasersua, Westgrönland, 17. Juli 2009
180 Angaangaq mit Dr. Jane Goodall bei der Sacred Fire Ceremony, Aajuittup Tasersua, Westgrönland, 17. Juli 2009
199 Aajuittup Tasersua, Westgrönland, Ort der Sacred Fire Ceremony im Juli 2009
206 Angaangaq im Interview
234 Angaangaq und Christoph Quarch am Rande der Sacred Fire Ceremony in Westgrönland, 17. Juli 2009

Farbteil I (nach S. 64)
1 Heilungszeremonie mit Qilaut
2/3 Mondzeremonie auf der Tschuggenhütte beim 5. World Spirit Forum Arosa, 21. Januar 2008
4/5 Private Zeremonie mit Weißem Salbei
6/7 Angaangaq mit Eisblock bei der Fire & Ice Ceremony, Sermersuaq, Westgrönland, 19. Juli 2009
8 Angaangaq bei einer Zeremonie für die Ahnen, Aajuittup Tasersua, Westgrönland, 15. Juli 2009

Farbteil II (nach S. 176)
1 Angaangaq leitet die Sacred Fire Ceremony in Westgrönland, 17. Juli 2009
2/3 Angaangaq mit Dr. Jane Goodall bei der Sacred Fire Ceremony, Aajuittup Tasersua, Westgrönland, 17. Juli 2009
4/5 Entzünden des Heiligen Feuers aus dem Holz grönländischer Zwergweiden bei der Sacred Fire Ceremony, Aajuittup Tasersua, Westgrönland, 17. Juli 2009
6/7 Am Feuer bei der Fire & Ice Ceremony, Sermersuaq, Westgrönland, 19. Juli 2009
8 Angaangaq mit Qilaut bei einer Zeremonie für die Ahnen, Aajuittup Tasersua, Westgrönland, 15. Juli 2009

Spiritualität und Religion

Auf dem Pilgerweg der Liebenden

Christoph Quarch
DIE EROTIK DES BETENS
Eine mystische Gebetsschule mit
Mechthild von Magdeburg und Rumi
216 Seiten. Mit Fotos. Gebunden
ISBN 978-3-466-36774-0

In Worten der Sehnsucht, Hingabe und Extase sprechen die deutsche Mystikerin Mechthild von Magdeburg und der persische Sufi-Poet Rumi von ihren Liebeserfahrungen mit Gott. Die wunderschönen Texte und Fotografien in diesem Buch laden dazu ein, diese Erotik des Betens für sich zu entdecken. Eine mystische Gebetsschule für heute.

SACHBÜCHER UND
RATGEBER
kompetent & lebendig.

www.koesel.de
Kösel-Verlag München, info@koesel.de

Psychologie & Lebenshilfe

Wie verändern wir die Welt?

Geseko von Lüpke
ALTES WISSEN FÜR EINE NEUE ZEIT
Gespräche mit Heilern und
Schamanen des 21. Jahrhunderts
432 Seiten. Mit Fotos.
Gebunden mit Schutzumschlag
ISBN 978-3-466-34526-7

Altes Wissen als Antwort und Schlüssel für die Zukunft: In 17 Gesprächen mit Heilern und Schamanen aus 15 Ländern in 5 Kontinenten. Faszinierend, überraschend, voller Vision. Ihre Botschaften offenbaren hierzulande fast vergessene, aber hochaktuelle Weisheiten, die für unser (Über)Leben entscheidend sein werden.

SACHBÜCHER UND
RATGEBER
kompetent & lebendig.

www.koesel.de
Kösel-Verlag München, info@koesel.de